仲俣暁生

再起動《リブート》せよと雑誌はいう

rebooting paper media

京阪神エルマガジン社

雑誌を読むことが純粋な楽しみではなくなったのは、いつからだろう。

これまでいろんな雑誌に文章を書かせてもらったり、自分でもさまざまな雑誌を編集してきたのに、気がつけばいつの間にか、自分の生活のなかから「雑誌」が消えていた。身の回りにモノとしての雑誌はたくさん置かれているのに、生き生きとした関係をそれらと切り結んでいない、と感じた。「それではいけない」と思ったのが、この本の元になる連載をはじめたきっかけである。

ようするに、自分自身のなかでの、雑誌との関係を見なおしてみたかったのだ。

そんな個人的な感情はともかく、いま、雑誌はいったいどうなっているのか。

書店やコンビニ、駅の売店などでは、いまも色鮮やかな雑誌が所狭しと並べられている。書店の風景が、ガラッと変わってしまったようには思えない。それどころか、カフェや古本屋、雑貨屋のようなところに行けば、「ジン」と呼ばれるインディマガジンが活況を呈している。ここではいっこうに、雑誌というメディアの衰えはみてとれない。

それなのになぜ、雑誌は「冬の時代」だなどといわれるのだろう。

答えの一つは、インターネットなどに代表される「メディアの多様化」だ。そしてもう一つは長引く不景気と出版不況と、それによる売上と広告収入の減少だ。でも、どちらも本質的な答えにはなっていないと思う。何10万部も売れる、マスメディアとしての雑誌が、役割を終えつつあることは間違いないだろう。だがそれは、雑誌そのものの終わりを意味していない。

本当に知りたいのは、いまも雑誌は面白いのか、それともつまらなくなってしまったのか、ということだ。それが知りたくて、これまで読んだこともない雑誌も読んでみた。「売れているから」というだけで、なんとなくバカにされている雑誌も手にとってみた。若い頃に愛読していた雑誌に久しぶりに再会したり、読まずに通り過ぎた雑誌のことも、この機会にじっくりと読んでみた。その結果わかったのは、いまも雑誌というメディアは——少なくともそのいくつかは——面白いままということだ。正直にいえば、これは意外だった。いつの間にか、「雑誌はつまらなくなった」という先入観にとらわれていたのだ。

もちろん、なかにはすっかり様変わりしてしまった雑誌もある。同窓会で何十年ぶりに会ったら、昔の美少女がすっかりおばさんになっていたり、生意気だった少年が疲れた中年男になっていたりするのと同じだ。でも雑誌というものは、人間と同様に、時代とともに変化するのが当然なのだ。その時代、その時代でどう変わっていくか、ということ自体のなかに、雑誌の面白さや魅力がある。いつまでも同じままでいることのほうがおかしい。

雑誌が「冬の時代」を迎えているといわれるのは、ここ数年に、いくつもの歴史ある雑誌が休刊したことも、大きな理由だろう。その名を挙げていけばきりがないほど、21世紀に入ってから、多くの雑誌が消えてなくなった。でもそれでさえ、雑誌にとっては当然のことなのだ。問題なのは、古い雑誌が消えることではない。新しい雑誌が生まれてくるかどうか、若い世代が新しい読者として、そしてつくり手として育っているか。それだけが問題なのだと思う。

ネットやケータイで育った世代は、紙の雑誌を読まないという。大学などで教えている学生に話を聞いてみると、それは真実の半分しかいい当てていないことがわかる。たしかに、昔の若者のように、誰もが同じ雑誌を読んでいるというようなことは、もはやない。でも、よく聞いてみると、それぞれが自分にとって大事な雑誌をもっており、彼や彼女らと雑誌との関係性は、じつに自然でしっくりくるものなのだ。流行っているから読まなくちゃ、とか、これを読まないとかっこわるい、といった強迫観念から自由な、雑誌との関係が生まれているように思える。

ネットやケータイ、電子書籍などの電子メディアとの共存を図る雑誌もあれば、背を向ける雑誌もある。メーカーとタイアップした付録付きの雑誌もあれば、広告さえ載せない雑誌もある。いつの頃からかいわれるようになった「読む雑誌」と「みる雑誌」という区別だけでなく、もっと多種多様なインターフェイスが併存している。

ようするに、「雑誌」という一つの言葉では、いまあるさまざまな雑誌の多様性をいい尽くすことなどできないのだ。

この本は、２００９年から２０１１年にかけて、『Meets Regional』という雑誌で連載した「リブーティング・ペーパー・メディア（ＲＰＭ）」という連載と、京阪神エルマガジン社のサイトで連載したそのウェブ版をまとめたものだ。この間にとりあげた雑誌はわずか30誌ほどだが、単行本化にあたって、いくつかの雑誌を追加した。

連載終了後に起きた東日本大震災をきっかけに、雑誌の世界にも大きな変化がみられた。いくつもの雑誌が震災特集号を組み、それぞれの角度から、この大きな悲劇をとらえようとした。雑誌というメディアの多様性が試されたといってもいい。

紙やインクが足りない、電力も足りない。景気はおそらく今後も上向かない。そんな時代に、雑誌はどうやって生き続けるのか。雑誌があることで、私たちはどのように生きていけるのか。そのためのささやかなヒントだけでも、この本で示せたらと思う。

２０１１年11月　著者

1

2

3

4

COLUMN

1 「カルチャー誌」を超えて

洗練されたビジュアルと洒脱なコラム。新鮮な情報に、なによりも遊び心。雑誌の面白さを教えてくれたのは、これらを兼ね備えた「カルチャー誌」だった。いま、このジャンルはどうなっているのか、そしてどこへ向かおうとしているのか？

『POPEYE』の変遷にみるニッポン男子の35年

いまの中年世代、とりわけアラフィフ世代には、『POPEYE』という雑誌に強い思い入れをもつ人が多い。青少年向け雑誌のあり方を根本から変えたといわれるこの雑誌も2011年で創刊35年。当時15歳だった読者は、現在50歳になる。

創刊時のスタッフの一人で、のちに『Olive』『Hanako』『relax』の編集長を歴任する椎根和氏が、『POPEYE物語～若者を変えた伝説の雑誌』という本を書いている。椎根氏は創刊時のこの雑誌にみなぎっていた雰囲気を「木滑王朝」と呼んだ。この本で引用されている、創刊編集長・木滑良久氏による創刊号のマニフェストのなかの次の言葉は、当時の『POPEYE』の新しさを象徴している。

「好奇心のかたまりのような〈ポパイ〉は、どこへでも飛んで行き、どんな題材でももとりあげますが、ヌードと劇画は登場しません」

当時の『POPEYE』には、編集者にもライターにも女性はおらず、「大学の体育会系の男子ばかりの部室」みたいだったと椎根氏はいう。創刊時のキャッチフレーズ（タグライン）は「Magazine for City Boys」。都会的で洗練された若者という読者イメージは「ポパイ少年」という言葉を生んだが、読者層はいまでいうオタクとも重なっていた。彼らの尽きることのない好奇心に対し、理屈ではなく事実（モノやコト）で応える雑誌、それが『POPEYE』だった。

初期の誌面は、ADの新谷雅弘氏によってたくみにレイアウトされた図版や短いコラ

木滑良久（きなめり・よしひさ）　1930年生まれ。マガジンハウスがまだ平凡出版という社名だった頃に『POPEYE』『BRUTUS』を相次いで成功させ、芸能誌のイメージが強かった同社を、都会的で洗練された雑誌社マガジンハウスへと生まれ変わらせる原動力を担った名編集者。現在はマガジンハウス取締役最高顧問。

『POPEYE』

1976年創刊（マガジンハウス）
印刷証明付発行部数　46,667部（2011年4～6月、雑協調べ）
定価は号によって異なる（2011年現在）

ム記事で埋め尽くされていた。このやり方はアメリカの『Whole Earth Catalog』や、シアーズローバックなど通販会社のカタログに倣ったものだ。この頃の『POPEYE』は短い読み物がぎっしりと詰まった「コラムマガジン」でもあり、膨大な数のモノを紹介する「カタログ雑誌」でもあった。

当時の『POPEYE』は、多くの日本人がまだ知らずにいたアメリカ西海岸式の新しい生活スタイルやカルチャー――スニーカー、ジョギング、フリスビーといったアウトドア系から、アメリカンコミックやパーソナルコンピュータのようなインドア系まで――をいち早く紹介し、若い世代のなかに定着させる役割を演じた。その意味では真の意味での「ライフスタイルマガジン」でもあった。

この頃に愛読者だった『QuickJapan』の創刊編集長・赤田祐一氏は、2002年にでた『証言集成「ポパイ」の時代』で初期『POPEYE』を絶賛している。木滑氏が編集長だった創刊号から124号までを「胎動～高揚期」、木滑氏が発行人に転じた125～176号を「興隆～爛熟期」と赤田氏は位置づけているが、事実「爛熟期」の終わる1984～85年には平均75万部という驚異的な部数をたたきだしていた。この頃が部数的にも内容的にも『POPEYE』の黄金時代だった。

ではいま、この雑誌はどうなっているだろう？

現在は2009年に就任した女性編集長・芦谷富美子氏のもとで、「女性誌」的なデザイン・編集への路線変更がなされている。誌面全体の文字数は激減し、「コラムマガジン」の片鱗を残すのは、わずか2ページに減った「POPEYE FORUM」だけ。読み物はコラムよりインタビューやレポートに力を入れているが、正直にいって想定読者がよくわからない。男性向けファッ

Whole Earth Catalog（ホール・アース・カタログ）　1968年にスチュアート・ブランドによって創刊されたアメリカの大判の雑誌。西海岸の対抗文化の精神的支柱となり、カタログ雑誌の元祖ともいわれる。1974年にでた最終号の巻末に掲げられた「Stay hungry. Stay foolish.」という言葉は、アップルの元CEOスティーブ・ジョブズが引用したことで日本でも有名になった。現在はすべてのバックナンバーがこのサイトで閲覧でき、5ドルでPDFを購入することも可能。http://www.wholeearth.com/

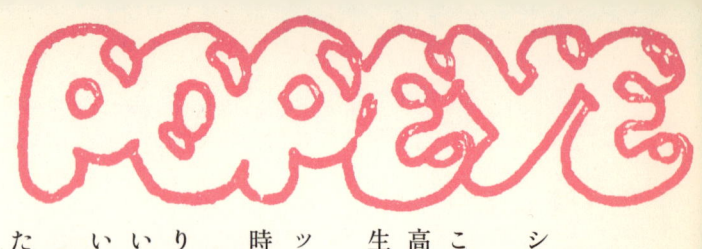

ション雑誌がそこそこ活況を呈しているなかで、苦戦しているようにみえる。

一世を風靡した伝説の雑誌が、同じ名前のまま、大きく姿を変えてしまうのは珍しいことではない。たとえば70～80年代に若者たちの心をとらえた『宝島』は、いまでは中高年向けの雑誌に姿を変えた。逆に『POPEYE』は、なんども姿形を変えつつも、高校生～大学生の男性向けという基本を変えていないだけ誠実であるともいえる。

２００８年には創刊号のデザインをそっくりそのまま拝借した『OilyBoy』というムックが、POPEYE Classicと称して2号まで刊行されたが、内容はいまひとつだった。当時の面影もなければ、現在に見合った新しさも感じられなかったからだ。

それに比べれば、いかに内容がスカスカでも、いまの『POPEYE』の試行錯誤を見守りたい気持ちがある。昔はよかったというのは簡単だが、かつては魅力的だった雑誌が、いつしかつまらなくなっていくのは世の常で、それは編集者や出版社だけの責任ではない。なによりも読者のほうが変化してしまうのだ。

読者対象である現実の「男の子」のあり方は、この数十年ですっかり変わってしまった。若い男がファッションや身だしなみに関心をもつのは当然になり、男女のジェンダーの違いも減少した。その結果、現実に小綺麗な男の子が増えた。『MEN'S NON-NO』『FINEBOYS』の両誌が創刊された１９８６年が、その節目だったのかもしれない。同年に男女雇用機会均等法が施行され、バブル経済のもとで日本が生産社会から消費社会へと変換していくなか、初期『POPEYE』が掲げた「男の子だけの世界」というユートピアは、現実社会のなかから消えていったのだろう。

でも同時に、いかに時代が変わろうと、若い男の子がもつ「好奇心」のあり方に、それほど本質的な違いはないのではないか、とも思う。

いま思えば、かつての『POPEYE』は、現在のインターネットのような存在だった。書き手と読者の距離を近く感じさせるカジュアルな文体による短いコラムや、スナップ写真のようなグラフィックに添えられた短いキャプション。これはいまのブログやツイッターで行われているコミュニケーションの形態とよく似ている。

すっかり世界から消えてしまったように思える初期『POPEYE』の少年的な精神は、いまはインターネット上に生き延びているのかもしれない。

POSTSCRIPT

連載時にとりあげた2011年1月8日号（766号）の特集「Back to Paris! ～パリのメゾンを訪ねて歩く」では、ファッションエディターの祐真朋樹氏がフィーチャーされていた。初期『POPEYE』から活躍し続けている祐真氏の存在が、時代を超えて当時と現在をかすかに結びつけている。かつてはアメリカ西海岸のイメージが強かったこの雑誌も、いまではどちらかというとヨーロピアンなテイストを打ちだしている。これも「少年向け雑誌」の一つの成熟のかたちなのかもしれない。

LINKS ☞

『MEN'S NON-NO』

集英社

1986年創刊。「女性向けファッション誌の男子版」という発想のさきがけ。読者モデルや付録など、いまも女性誌の成功パターンをカンペキに踏襲し、若い男性向けファッション誌としては勝ち組。（定価は号によって異なる）

『Hanako FOR MEN』

マガジンハウス

2009年創刊。男性版ハナコという不思議な誌名、余白の多いガーリーなレイアウトだが、かつての『POPEYE』っぽさは、読み物コラムの多いこの雑誌のほうに受け継がれているかも。ムックによる不定期刊。（定価580円）

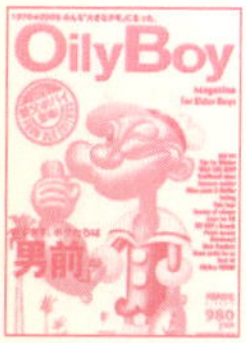

『OilyBoy』

マガジンハウス

2008年12月創刊。中高年になった「元ポパイ少年」を想定読者として、当時の『POPEYE』を思わせるコラムマガジンとして登場。アイビーやゴルフなどテーマ特集のムック形式で現在も刊行中。（定価は号によって異なる）

BRUTUS

BRUTUS、お前もか？「マガジンハウス時代」の終わり

２０１０年6月1日号（６８６号）で、雑誌『BRUTUS』は創刊30周年を迎えた。その記念すべき特集企画は「ポップカルチャーの教科書」。表紙には、この号の台割り表が全面にレイアウトされ、手描き風の文字で特集タイトルの書かれた付箋紙が貼ってある。いかにも『BRUTUS』的な趣向だなと思ったが、あらためてじっくりみてみると、インパクトの弱いこと、弱いこと。

台割り表はエクセルかなにかでつくられた素っ気ないもので、冴えないゴチック書体で著者や企画の名前が並ぶ。現実につかわれている台割りそのままなのかどうかはわからないが、雑誌づくりの現場がもっているはずの熱気や色気が、少しも伝わってこない。30周年記念号のアートワークとしては正直、大失敗だと思う。でも、この「大失敗」な感じこそが、いまこの雑誌が置かれている状況を物語っている。

似たような表紙が、以前にもあったことを思いだす。２００２年2月1日号「もう本なんか読まない!?」という特集だ。このときの表紙は、デザイン指定のためのレイアウト用紙がそのまま用いられ、完成した誌面と見比べられるようになっていた。シンプルだが、この発想には感心したものだ。

それから8年後。精彩を欠くのは表紙だけではない。30周年記念号の内容は、まるで前年に休刊した『STUDIO VOICE』の亡霊ではないかと思うほど新鮮味がない。書き手はそれぞれのジャンルで旬の人たちではあるが、この人選や配列からは、『BRUTUS』らしさも、マガジンハウスらしさも感じられない。金も手間もかけているように思えず、一言でいえば、全体的に「貧乏くさい」のである。

『BRUTUS』

1980年創刊（マガジンハウス）
印刷証明付発行部数　96,917部（2011年4～6月、雑協調べ）
販売部数　50,837部（2010年7～12月、ABC調べ）
定価630円（2011年現在。定価は号によって異なる）

もちろん雑誌は生き物であり、時代ごとに変化していくのは当然だ。マガジンハウスのほかの雑誌も例外でなく、『BRUTUS』の弟分だった『POPEYE』は「ファッション誌」に変わってしまったし、『BRUTUS』自身も大きく姿を変えている。それでも超えてはいけない一線があるはずだ。この雑誌にとって、誌面が貧乏くさくなることは自己否定であり、その使命が終わったことの証明である。じっさい、日本雑誌協会のサイトによると２０１０年１～３月の印刷発行部数は７４８００部と、09年までは維持していた10万部の大台を割った。それは、マガジンハウスという、大衆に夢を与えてきた出版社の輝きが失われたことの、きわめてわかりやすい象徴だろう。

特集の巻頭ページには、こんなリード文が掲げられている。

「ブルータスがこの30年間、夢中になって追い求めてきたモノの正体は、その時代、その時代のポップカルチャーと呼ばれた、つかみどころのないモノだったのかもしれない。ではそのポップカルチャーとは一体、何モノなのか？　そろそろ答えを出してもいい頃だ。この30年間のカルチャーを腹の底から楽しんだ23人が語る、私的カルチャー論。これが答えだ！」

まずここに大きな疑問がある。本当に『BRUTUS』は「ポップカルチャー」を追いかける雑誌、つまり「カルチャー誌」だったのだろうか？

私はそうは思わない。少なくともかつての『BRUTUS』は、貧乏くさくてお勉強的な「カルチャー」などという言葉の対極にあった。この号の真ん中に、本文とは別の紙で綴じ込まれている「ブルータス30年目の

BRUTUS

真実!?」では、創刊当時のエピソードをいろんな人たちが語っており、木滑良久氏と石川次郎氏の対談のなかに、創刊時のこの雑誌のキーワードは「悦楽」だった、という話がでてくる。「悦楽」――これは「カルチャー」の対極にある言葉だろう。初期の『BRUTUS』には「悦楽」という言葉が象徴するような、大人の不良がもつ色気への志向性があり、読者もそれに憧れた。この雑誌は『POPEYE』が体現するような「ポップカルチャー」を卒業した大人のための雑誌を標榜していたのである。

少なくとも90年代のはじめぐらいまでは、『BRUTUS』は反大衆的で反時代的でもあるようなスタイルを売りにしてきた。そのときどきのスノッブな流行から一歩引き、別の角度から現在を眺めわたす視点があった。だからこそ結果的に、先端的な出来事の現場に立ち会うこともできたのだろう。いまでも繰り返し特集される「居住空間学」というシリーズは、そのわずかな名残である。この企画はのちに『TOKYO STYLE』で木村伊兵衛賞を受賞して写真家としても活躍する**都築響一**氏が、マガジンハウスに在籍していた1982年6月1日号（43号）にはじめたもので、28年間も続く定番企画である。

さきの「ブルータス30年目の真実!?」のなかで都築氏は、彼が在籍した時代には編集会議など一度もなかった、と話している。逆にいまの誌面から感じられるのは、編集会議やマーケティングのしすぎではないか、と思えるほどの「現実」に対する後追い感覚だ。文化を扱う特集も、かつてのような遊び心から生まれたものではなく、いかにも生真面目なお勉強路線、いいかえるなら実利志向が目につく。

いまの『BRUTUS』には、他の雑誌との間で際だったスタイルの違いなど存在しない。後発の『Pen』などほかの雑誌がこの雑誌から学び、手法を模倣している面もあるが、『BRUTUS』自身も時代の一歩先を行くことを諦め、あえて「半歩あとを行く」という

都築響一（つづき・きょういち）　1956年生まれ。マガジンハウスの編集者を経てフリーになり、木村伊兵衛写真賞を受賞した『TOKYO STYLE』で写真家としても評価される。このアイデアの元が、『BRUTUS』時代に発案した「居住空間学」特集であることは明らか。ライターや写真家としての都築氏の他の活動からも、「雑多」さを愛する雑誌的感性を色濃く感じる。

路線に完全にシフトしている。たぶんそのような特集が、そこそこ堅実に売れてしまうのだろう。**堀内誠一**が丹誠込めてつくりあげた印象的なロゴだけが、いまなおそのアイデンティティを支えているが、ロゴを入れ替えればほかの雑誌と見分けがつかないほど、どこにでもあるふつうの雑誌になってしまった。

今回の30周年号は、創刊から最初の15年間ほどのバブリーな時代を知る人たちの回顧談と、90年代後半以後の不況の時代ならではの貧乏くささが同居している。後者こそがいまの時代の「リアル」だといってしまえばそれまでだが、この雑誌はリアルという言葉からもっとも遠い、フィクショナルなスタイルを売りにしてきたはずだ。いまの『BRUTUS』に、その役割はまったく期待できない。

連載時点での最新号（687号）は、「印象派、わかってる?」だった。競合誌である『Pen』が一号前にやった企画の後追いであり、切り口も文字どおりのお勉強路線。すっかりいい古された言葉ではあるが、「ブルータス、お前もか」といいたい気分である。

POSTSCRIPT

30周年記念号のことは酷評したが、その後はずいぶんと本来の「BRUTUSらしさ」をとり戻してきた号もある。最近では710号の「Good Morning, Good Breakfast.」（朝食特集）が秀逸だったし、717号の「What is Your Archive?」（スタイルブック2011-2012）もよかった。さらに718号は満を持しての「STAR WARS」特集！　こういう遊び心全開の号はつい手にとってしまう。この路線をずっと続けてくれるなら、あらためてこういおう。「Welcome back, BRUTUS!」

堀内誠一（ほりうち・せいいち）　1932～1987年。戦後の日本の雑誌界を代表するグラフィック&エディトリアル・デザイナーであり、絵本作家としても活躍した。平凡出版（現マガジンハウス）から創刊された雑誌『an an』『Olive』『POPEYE』『BRUTUS』のロゴは、すべて彼が手がけたもので、2003年に再休刊した『Olive』以外は現在も創刊時のロゴがそのままつかい続けられている。

LINKS

『Casa BRUTUS』
マガジンハウス

1998年創刊。本誌から建築関係を独立させた雑誌だが、狭義の建築にとどまらず、デザインや美術館、旅といった多様な切り口の特集が企画の自由度を高めており、本来の「BRUTUSらしさ」が感じられることも多い。（定価880円）

『TITLe』
文藝春秋

2000～2008年。若い世代に向けたビジュアル誌で文藝春秋は何度も失敗してきた。そのなかでは比較的長く続いた『TITLe』も08年についに休刊。同誌がこだわったワンテーマ主義をいまでは多くの雑誌が採用しているのは皮肉。

紙＋ウェブ＋アプリで デジタル時代の先頭を走る

２０１０年春にアップルがタッチパネル方式の多機能情報端末iPadを発売したのをきっかけに、世界中の多くの雑誌がアプリ化へと相次いで舵を切った。『GQ』『VOGUE』といった高級ファッション雑誌を傘下に抱えるアメリカの出版大手コンデナストはとくに対応が早かったが、もっとも鮮烈な印象を与えたのが『WIRED』だった。

WIRED.comの発表によると、『WIRED』２０１０年６月号のコンテンツを収録したアプリはリリース直後の24時間で２万４０００ダウンロードされた。また同記事は紙版に60万人を超す定期購読者がいること、これ以外にもニューススタンドなどで毎号８万２０００部が売れていることも伝えている。

『WIRED』誌は１９９３年にルイス・ロゼットとジェーン・メトカーフの二人によってサンフランシスコで創刊された月刊誌だ。エグゼクティヴ・エディターに元『Whole Earth Catalog』のケヴィン・ケリーを据え、テクノロジーがどのようにビジネスや文化、政治や社会を変えていくかを、対抗文化的センスを生かしつつ大胆なエディトリアルデザインで表現し、一躍アメリカの主要雑誌の一つとなった。

１９９４年には「HotWired」というウェブサイトを立ちあげ、紙の雑誌とは異なるコンテンツのあり方を積極的に模索したが、ドットコム・バブルが高まるなか、１９９８年に紙の雑誌はコンデナストに、ウェブサイトを運営していたワイアード・デジタル社は検索エンジンのライコスに売却された。ウェブと紙の『WIRED』がふたたび一体化したのは２００６年のことである。

２００１年に編集長に就任したクリス・アンダーソンのもとで、『WIRED』は二度

ケヴィン・ケリー（Kevin Kelly） 1952年生まれ。1988年にでた『Whole Earth Catalog: Signal Communication Tools for the Information Age』の編集人をつとめた。2010年には新著『What Technology Wants』を刊行している。http://www.kk.org/

『WIRED』（米国版）

1993年創刊（現在はコンデナスト・パブリケーションズ）
総発行部数　798,020部（2011年、定期購読分を含む）
日本での店頭小売価格　1,155円、
iPadアプリでは各号350円（2011年現在）

目の黄金時代を迎える。アンダーソンは経済誌『エコノミスト』出身で、アマゾンのようなネットビジネスの成功モデルを描いた『ロングテール「売れない商品」を宝の山に変える新戦略』という著書がベストセラーとなったことでも知られる。

ちなみにアンダーソンのもう一つの著書『フリー〈無料〉からお金を生み出す新戦略』の邦訳版に解説を書いている小林弘人氏は、１９９４年に創刊され98年まで続いた『ワイアード日本版』の編集長である。またHotWiredにも日本版のウェブサイトがあり、元『STUDIO VOICE』の江坂健氏が編集長をつとめていた。私自身この両方にかかわったことがあり、個人的に思い入れの深いメディアである。

『WIRED』のiPad用電子雑誌は、無料の専用アプリケーションをインストールしたうえで、1号あたり３５０円で買うことができる（２０１１年10月現在）。紙版を日本で買うと店頭価格はおよそ１０００〜１１００円程度だから、アプリ版のほうがかなり割安だ。しかしアメリカでは紙版を定期購読すれば、年12冊分がわずか10ドル（さらにTシャツまで付いてくる）。送料を考えれば、実質タダのようなものである。しかも『WIRED』の場合、これまでもウェブですべての記事が閲覧できた。iPadをつかってウェブサイトにアクセスすれば、テキストだけであればタダで読めるものが、アプリで読むと有料という、ちょっと不思議なことになっているのだ。

『フリー』のなかでアンダーソンは、店頭では1冊5ドル程度で売られている紙の雑誌が、定期購読だと1冊1ドル以下で手に入る理由を、書店での有料販売はあくまでも定期購読者獲得のための手段にすぎないからだ、と述べている。店頭で匿名で買うなら5ドル、自らのプロフィールを明かして定期購読するなら1ドル以下、という二重価格は広告の立場から考えると理解しやすい。実際にどんな読者がその雑誌を読んでいるのかは、広告主がもっとも知りたいことだからだ。

クリス・アンダーソンはアプリ版の『WIRED』を「従来のウェブ・モデルからの脱却だ」とも述べている。また2010年9月号では「ウェブは死んだ」という特集記事を掲載し、大きな議論を巻き起こした。アップルは今後、iPad向けに雑誌や新聞の定期購読をすることが可能なサービスを開始するとアナウンスしている。『WIRED』をはじめとするコンデナスト社の一連の雑誌は、当然、この電子的な定期購読のサービスを開始するだろう。

日本ではアメリカ以上に、急激に雑誌の広告収入が減少しているが、その最大の理由は読者のプロフィールが正確につかめないところにある。定期購読による大幅な値引き販売が実現しづらいのは再販制度が存在するからだろうが、そのために雑誌は毎号バラ売りで買うもの、という考えが読者に定着してしまい、ますますターゲットを絞った広告を打ちにくくしている。iPad向け電子雑誌によって定期購読という文化が日本でも定着すれば、定期的刊行メディアとしての雑誌の魅力が再発見されるかもしれない。

ビジネスモデルの話が先になってしまったが、アプリ版の『WIRED』の出来はすばらしいものだった（ただし、回線速度によってはダウンロードにたっぷり時間がかかる）。iPadをタテに持った場合とヨコにした場合、記事のレイアウトが自動的に変わるのだが、その際の切り替えはじつにスムーズ。あらかじめ2パターンのレイアウトを用意しているのだろうが、まるでコンテンツが自動的にリフローしているように感じる。

一画面に収まらない長い記事を読むときは画面をタテにスクロールさせていき、本文中のどこを読んでいても、ヨコにスライドさせれば次の記事へ行けるというインターフエイスも、シンプルだがよく考えられており、雑誌というメディアの特性をよく理解している。電子書籍だからこそ可能な音声や映像をともなうマルチメディア的な表現は、かつてのCD-ROMやウェブサイトでも経験済みだが、iPadのタッチパネルを指で触ることで音や映像を呼び出す感覚はどこか官能的で、ごく自然な行為に思える。

iPadをはじめとするタブレット型の電子機器で雑誌を読むことに対して、以前はかなり懐疑的だったが、これだけの洗練された表現ができるのであれば、紙に慣れた読者でも、多くの人がこちらで読む方を選択するだろうと考えるようになった。

『WIRED』の電子雑誌版がよかったので、同じ仕組みで配信されている『THE NEW YORKER』も何号か買ってみた。文字とイラスト中心の落ち着いた誌面だが、こちらもiPadにしっくり馴染んでおり、しかも紙版を日本で買うよりははるかに安い。バックナンバーも手軽に買い足せるため、海外に住んでいる読者にはいいことばかりである。電子雑誌は紙の雑誌の敵ではなく、新しい可能性を与えてくれる強い味方なんじゃないか。

POSTSCRIPT

『WIRED米国版』が、２０１１年10月5日に亡くなったアップルの元CEOスティーブ・ジョブズへの追悼号を、ジョブズが生んだiPad向けの電子雑誌として直ちに発行したのは感慨深い。これから生まれてくる新しい世代は、紙とデジタルのどちらで、先に「雑誌」と出合うのだろう。

LINKS ☞

『WIRED 日本版』

コンデナスト・ジャパン

2011年創刊。13年ぶりの日本版復活にあたっての特集は「テクノロジーはぼくらを幸せにしているか？」。福島第一原発の事故後、テクノロジーへの無条件の信頼が揺らぐなかでどんな誌面にしていくのか見守りたい。（定価480円）

『週刊アスキー』

アスキー・メディアワークス

1997年創刊。日本におけるコンピュータ雑誌の草分けである月刊誌『ASCII』の名前とDNAを現在に残す週刊誌。東日本大震災に際してはちいさなハートと「pray for...」の文字以外は真っ白な表紙の号をだして話題になった。（定価390円）

『NATIONAL GEOGRAPHIC 日本版』

日経ナショナル ジオグラフィック社

1995年創刊。アメリカでは120年以上の歴史をもつ自然科学雑誌『NATIONAL GEOGRAPHIC』の日本語版。黄色い縁取りの表紙が目印で、クオリティの高いネイチャー・フォトや図解地図が楽しめる。（定価980円）

pen

ダンディズムから教養主義へ いまどきカルチャー誌の王道を歩む

非常勤講師をしている大学や専門学校で、学生たちに、ふだん読んでいる雑誌を毎年尋ねることにしている。もっとも多い答えは「愛読誌なし」。あえて挙げさせると、女子学生はファッション誌、男子学生はマンガ雑誌、そしてごく一部の雑誌好きの学生がマイナーなカルチャー誌の名を挙げる。若い世代の「雑誌離れ」をひしひしと実感するが、そうしたなかで、比較的よく名の挙がる雑誌の一つが『pen』だ。

『pen』は1998年創刊（創刊時の誌名を翌年変更）。2000年に月二回刊となり、国内外のデザインやアート、インテリアなどの紹介に力を入れた男性向けライフスタイル・マガジンとして一定の地位を占めてきた。

同誌はもともと『フィガロ・ジャポン』『Newsweek 日本版』とともに、TBSブリタニカから刊行されていたが、03年に同社の出版部門（百科事典部門以外）を阪急電鉄グループが買収したことにともない、阪急コミュニケーションズからの発行となった。このときにキャッチフレーズが「Hi Quality Magazine」から「with New Attitude」に変わるが、大きな編集方針の変更は行われなかったようだ。

男性向けライフスタイル誌（いわゆる「カルチャー誌」）が休刊していく「冬の時代」にあって、『pen』の存在感は次第に増している。『BRUTUS』が、かつての先端的なイメージから大衆化路線へと舵を切りつつあるのに対し、もともとコンサバティブな印象が強かった『pen』のほうに、意表をつく特集企画が目立つようになった。往時のマガジンハウスの伝説を知らない若い世代には、ギョーカイ臭さがなく、親切な誌面構成の『pen』のほうが、『BRUTUS』よりとっつきやすいに違いない。

『Pen』

1998年創刊（阪急コミュニケーションズ）
印刷証明付発行部数　68,584部（2011年4～6月）
定価は号によって異なる（2011年現在）

大判の誌面を70ページ以上もたっぷりつかって組まれる『pen』の特集はいつも読み応えがある。最近のヒット企画のひとつは、２０１０年3月1日号の「キリスト教とはなにか。」だ。キリスト教にまつわる絵画や建築物の図版をふんだんにつかい、グラフィカルでありつつ読み応えもあるという、「雑誌を読む楽しさ」の原点を再確認させてくれた好企画だった。

「キリスト教」特集は典型的な例の一つだが、このところの『pen』は、創刊当初から維持してきた「男性向け雑誌」の匂い、いい換えるならダンディズムへの傾倒を薄めつつある。完売した号の特集企画をみると、「モノ」や「デザイン」へのこだわりよりも、海外の美術館案内やレオナルド・ダ・ヴィンチの全作品解説や神社・お寺、千利休、戦国武将といった日本文化についての特集など、初心者向けの教養企画が好評であることがわかる。

多くの雑誌がバックナンバーの販売までを視野に入れた「ワンテーマ・マガジン」化しているが、『pen』の場合、好評だった企画は、再編集した上で「Pen Books」という書籍シリーズとして発行されるのが恒例となっている（「キリスト教とはなにか。」の号は、同じ判型のまま増補版の別冊としてでた）。

２０１０年5月1日号の、マンガ家・**水木しげる**の特集も意表をついていた。１９６６年に発表された短編「丸い輪の世界」を、そのページにだけザラ紙をつかい再録する芸の細かさが嬉しい。ＮＨＫの連続テレビ小説で『ゲゲゲの女房』がはじまったタイミング（２０１０年3～9月）に合わせたものだが、従来の『pen』のイメージを塗り替える、大胆な誌面構成だった。「ぬりかべ」を大胆に表紙にフィーチャーし、「一反木綿」をロゴにからませる遊

水木しげる（みずき・しげる）　漫画家、世界妖怪協会会長。第2次世界大戦から復員後、紙芝居作家を経て、『ロケットマン』を皮切りに貸本漫画家として活躍。長井勝一氏が創刊した『ガロ』で雑誌デビューし、『悪魔くん』『墓場の鬼太郎』といった妖怪漫画を発表。鬼太郎シリーズは『ゲゲゲの鬼太郎』として何度もテレビアニメ化され、国民的人気を博した。夫人の武良布枝が2008年に発表した『ゲゲゲの女房』は、2010年にNHK「連続テレビ小説」の原作となったことでベストセラーに。

び心をよしとしたい。

pen

POSTSCRIPT

雑誌は生き物だというが、ホントにその先行きは読めないもので、あれほど一時期は企画がかぶっていた『Pen』と『BRUTUS』も、その後はすっかり別の方向に進んでいった。本文ではダンディズムへの傾倒が薄れてきたと書いたが、2011年にでた300号記念号（10月15日号）の特集タイトルは、「男が知るべき、男のパリ」とバリバリのダンディズム路線に回帰。これに先だつ号でも「日本の男にとってお洒落とは何か考え直してみた。」（286号）、「没後50年のいま、稀代の作家を読む　ヘミングウェイ、再び。」（288号）、「35歳から学ぶ！　男の「子育て」教室。」（289号）と、男臭いことはなはだしい。引き続きお勉強路線も続いているが、異彩を放ったのは「ウルトラQからウルトラマンゼロまで。円谷プロ大研究！」（9月1日号）ぐらいでこのところは精彩を欠く。こうなったら『Pen』には「男の〇〇」「男にとって〇〇とは何か」をとことん突き詰めてほしい。

LINKS ☞

『GQ JAPAN』

コンデナスト・ジャパン

2003年創刊。もともとは中央公論社からでていたが一度休刊。03年に同誌を再創刊した斎藤和弘氏は元『BRUTUS』編集長で、のちに『VOGUE NIPPON』（現在は『VOGUE JAPAN』と改名）を創刊したことでも話題を呼んだ。（定価580円）。

『MEN'S CLUB』

ハースト婦人画報社

1954年創刊。「ダンセン」と呼ばれた『男子専科』が1993年に休刊したのに対して「メンクラ」の愛称で親しまれたこちらは、お洒落にこだわる「オヤジ」世代向けファッション誌として、いまも健在。（定価780円）

COLUMN

「本の特集」は危険サイン？

本や雑誌好きの人なら、「読書」や「書店」や「雑誌」のことが特集されている号に目がいきがちなはず。でも、これって結構、雑誌にとっては危険サインなのだ。もちろん「読書の秋」などの時季ネタである場合や、夏季や年末年始の休暇のための仕込み企画という場合もある。でもこれまでの経験からいうと、これらの特集をしたあとで雑誌が休刊してしまうことが多い（ほら、あの雑誌とか、この雑誌とか、思い浮かぶでしょう）。あくまで個人的な見解だが、イマイチ元気がない雑誌が「本の特集」をやったら、危険サインだと思うようにしている。売れ行きが落ちてきたり、雑誌のコンセプトに迷いがでてきたとき、本好き雑誌好きの固定層に目配せをするこういう企画が通りやすいのだろう。でも考えてみてほしい。雑誌というのは、外の世界への「窓」みたいなものだったはず。書店で売られている雑誌が「書店」の特集をしたり、本や雑誌の特集をするというのは、どこか自画自賛の感がして好きになれない。

…とはいえ、この本も雑誌をめぐる「一人雑誌」みたいな本なので、こんな言葉は天に唾するものかもしれない。お願いは一つだけ、雑誌が「読書」や「書店」や「雑誌」を特集するときは、お茶を濁すのではなく、文字どおり命懸けでやってほしい！

Spectator

遠い街からの手紙のように彼らが雑誌をつくる理由

雑誌を読むことは、旅にでることに似ているな、と思うことがある。自分自身は旅なんて少しも好きじゃないのに、ふだんと違う時間や空間を味わいたくなったときに、ふと手にとる雑誌がある。私にとって『Spectator』は、そんな雑誌だ。

90年代のインディ雑誌ブームの先駆けとなった『BARFOUT!』の編集者だった青野利光氏が、自ら発行人となり1999年に創刊した『Spectator』は、現在日本で手に入る雑誌のなかで、もっとも美しいものの一つだと思う。現在のアートディレクションは峯崎ノリテル氏。判型もレイアウトも紙質も写真も細部まで計算されていながら、どこか風通しがいい。

東京の下北沢という街に住むようになって、そろそろ12年目になる。この街に引っ越してきたばかりの頃に、東京で最初のヴィレッジ・ヴァンガードの店ができた。夜中でも本が物色できる店が、家から歩いて行ける距離にできたことが嬉しくて、一時期は毎晩のようにでかけていった。

『Spectator』という雑誌と私が最初に出合ったのは、このヴィレッジ・ヴァンガード下北沢店でのことだった。インディ雑誌をたくさん並べている都心の大型書店でもすでにみかけていたはずだが、あまり印象に残らなかった。それなのに、雑貨もマンガもＣＤも書籍も同じように並べられているこの店で、『Spectator』は、私の視野にまっすぐに飛び込んできたのである。

平均すると1年に2冊発刊というスローペースは、街中でときどき会う、それほど親しくない友だちとの関係みたいな不思議な間合いだ。久しぶり、どうしてた？　ちょっ

下北沢　東京都世田谷区にある地域の名前。小田急線と京王井の頭線が交差するため早くから郊外文化の拠点として栄え、1980年代以後は劇場やライブハウスが多くあつまるサブカルチャーの街としても知られるようになった。デザイナーやクリエイターが多く在住するため、この地から発信されているインディ雑誌は多い。

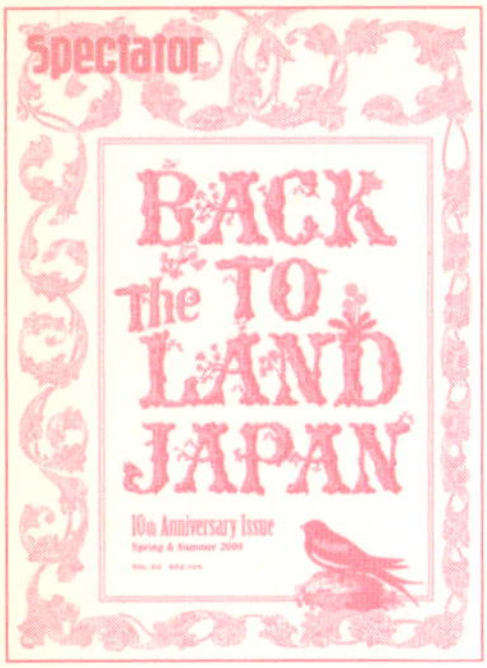

『Spectator』

1999年創刊（エディトリアル・デパートメント）
公称発行部数　20,000部
定価1,000円（2011年現在）

と旅にでていてさ——なんていう会話を、雑誌との間で無意識の間に交わしている自分に気がつく。関係が近すぎないことの心地よさが、初めて訪れた街でみつけた、懐かしい場所のような気分にさせてくれる。

２００９年7月にでた20号で、『Spectator』は創刊10周年を迎えた。「BACK TO The LAND JAPAN」という特集が組まれたこの号の巻頭に、編集・発行人の青野氏は「親愛なる読者諸君へ」という文章を書いている。

彼はまず、この雑誌にはいたって「シンプルな編集方針」があるという。それは「気になる場所へ足を運び、会いたい人と言葉を交わし、そこで発見した真実を、同世代に向けて自分自身の言葉で素直に伝える」というものだ。この雑誌から感じられる環境やライフスタイルへの強い意識は、流行やマーケティングの結果ではなく、そうした出会いのなかで、自然に培われてきたものだろう。

このごく当たり前に思えることが、多くの雑誌ではできなくなっている。雑誌だけではない、ウェブだろうが直接の会話だろうが、そういうコミュニケーションがしにくい世の中になった。でも、『Spectator』の誌面を開くと、私の知らない場所から運ばれてきた清々しい空気が、写真や文章とともに、ふわりと立ちあがってくる。創刊時に決めた「新製品や有名人のネームバリューで読者の興味を引くのだけはやめよう」という方針が守られているからだ。

　先の文章で青野氏はこう書いている。「企画と予算をひねりだして辺境の地まで取材に出かけ、そこで発見した真実らしきものを記事にまとめあげるという作業は、予想以上に膨大な労力と時間がかかるものです。手っ取り早く稼ぎたい人には決してオススメできない仕事であることは間

Spectator

違いありません」

それなのに、彼らはなぜ雑誌をつくるのか。くるりの「ハイウェイ」という曲じゃないけれど、「彼らが雑誌をつくる理由」なんていくらでもあるのだろう。でもそれと同時に、わざわざ言葉にすべきことなど、なにもないのかもしれない。自分が気になる場所に行き、出会った人と交わした言葉を、自分自身の言葉で素直に伝える。それはたんに、自由な気持ちで生きていくことなのだから。人間が生きていくのに理由なんかなくて、どう生きるか、という営みがあるだけなのだ。

旅が嫌いで、自然が豊かな場所やアウトドア的なライフスタイルも苦手な私でさえ、この雑誌を読むときだけは素直な気持ちになれる。とくに親しいというわけではないが、いうことは信頼できる友だちと、たまに会って話をするときのように。

POSTSCRIPT

東日本大震災の日はちょうど、23号の搬入の日だったという。その後『Spectator』編集部は、東京から長野に移った。毎号が旅先からの長い手紙であるようなこの雑誌にとって、東京以外に腰を据えることはきわめて自然に思える。これまでは海外での理想的なライフスタイルを取材した号が多かったが、創刊10周年記念号の『BACK TO The LAND JAPAN』はよかった。日本という国をあらためて『Spectator』的な視点でみつめたらどうみえるのか、長野から発信される今後の号に期待している。

『SWITCH』

スイッチ・パブリッシング

1985年創刊（2004年に新装刊）。新井敏記氏が創刊したこの雑誌は、1990年代以後に登場したすべてのインディペンデント系カルチャー誌に大きな影響を与えた。姉妹誌『Coyote』は惜しくも休刊したが本誌は健在。（定価は号によって異なる）

『BARFOUT!』

ブラウンズブックス

1993年創刊。DTPという武器を手にした若い世代による1990年代のインディ雑誌シーンを象徴する存在だったが、判型を大判に変えてから読み物よりファッション・フォト中心に。この間の若者文化の変化を象徴している。（定価は号によって異なる）

COLUMN

MOOKばかりがなぜ増える

『Pen』や『BRUTUS』といった特集主義のカルチャー雑誌が、一度雑誌に掲載した企画を再編集してMOOK（マガジンとブックの合成語）として再発売することが増えてきた。また雑誌そのものも、大型書店にはバックナンバーが置かれ、少し前の特集号ならば入手しやすくなっている。そのときは興味がなかった特集があとから必要になることは多いから、こうした傾向はひとまず歓迎すべきだろう。

それにしても困るのは、すでに通常号で買った特集を、気づかずに保存版で2度買いしてしまった場合。どちらも捨てる気になれないから、通常号のほうをスキャナで「自炊」して、電子雑誌として楽しもうか、なんて考えてしまう。雑誌は次第にフロー（流れ）のメディアから、アーカイブ（保存）のメディアへと変化しつつある。MOOKの増殖はその現れなのかもしれない。

気づかずに通常号とMOOKを2度買いしてしまった例。これ以外にも『BRUTUS』は「居住空間学」など、好評企画のMOOK化に力を入れている。

「舶来雑誌」信仰の終わり。さようなら、『Esquire日本版』

２００８年から09年にかけて、いくつもの雑誌の休刊が報じられた。なかでも私が心を動かされたのは、『月刊プレイボーイ』と『Esquire 日本版』の休刊だった。

この2誌には共通点が多い。ともに伝統ある米国のメンズ・マガジンの日本版であり、そもそも米国版『プレイボーイ』の創刊編集長ヒュー・ヘフナーは、もともと『Esquire』のスタッフだった。どちらもビジュアル中心の大判雑誌でありながら、読み物の水準も高く、いまの出版界では「硬派」の部類に入った。そしてもう一つ、ささやかながら私自身も両誌に寄稿する機会があった。

ことに『Esquire 日本版』の休刊はやや唐突という印象を受けた。『月刊プレイボーイ』の場合、誌面から時代とのズレをやや感じていたが、『Esquire 日本版』の企画には同時代性があり、まだ十分に余力があると思っていたからだ。

『Esquire 日本版』はバブル経済真っ盛りの１９８７年に創刊された。当時、私は編集プロダクションで仕事をはじめたばかりの新米編集者だったが、この雑誌の創刊にかかわった人間が周りにいたために、『Esquire 日本版』の話はよく見聞きしていた。

いま、あらためて創刊号をみると、この時代の日本人が未来に対していかに楽観的であったかが、ありありと伝わってくる。スティーブ・ジョブズ、沢田研二、落合博満といったベビーブーマー世代のヒーローがフィーチャーされ、署名記事の書き手も、団塊の世代とその前後が多い。アメリカの豊かさに憧れて育った世代が、この雑誌のつくり手と読者の中核をなしていたことがよくわかる。

それから22年たち、『Esquire 日本版』の最終号と創刊号を見比べると、日本の雑誌

『Esquire 日本版』

1987～2009年（エスクァイア マガジン ジャパン）
現在は休刊

の水準がこの間に格段に進歩したことがはっきりみてとれる。エディトリアルも写真もイラストも、最終号はじつにスマートでソフィスティケートされている。

だが、それにもかかわらず、いまでは野暮ったく感じる創刊号のほうが、圧倒的に力強いのである。記事の内容だけで判断すれば、間違いなく最終号のほうが自分の好みなのに、創刊号からは好き嫌いを超えた勢いを感じる。当時の日本人は、経済において日本はアメリカを超えようとしているという自負と、その裏側に深く貼りついた対米コンプレックスの両方を抱えていた。その矛盾や葛藤が、誌面に活気を与えているのだ。『Esquire』は1933年にアーノルド・ギングリッチという29歳の青年がシカゴで創刊した。第二次世界大戦後には拠点をニューヨークに移し、ヘミングウェイ、フィッツジェラルド、カポーティらが寄稿したことで、文学史においても重要な役割を演じた。あらゆる意味で20世紀アメリカを代表する雑誌であり、日本の雑誌編集者の多くが憧れたのも無理はない。でもそれはいま思えば、あらゆる分野で繰り返されてきた、舶来信仰でしかなかった。

最終号の特集は、「未来に伝えたい100のこと」。突然の休刊決定に動揺しつつも、最後になにができるかを考え抜いた、好企画だと思う。でもじっさいに誌面を読むと、未来志向よりは回顧的な印象を受ける。かつてあったすばらしいものを確実に未来に伝えよう、という発想は、あまりに未来の可能性を低く見積もりすぎていないか。

この号の表紙には、『Whole Earth Catalog』のキャッチフレーズである「Stay hungry. Stay foolish.」という言葉が掲げられている。その言葉どおりの、野心にみちた新しい雑誌がいつかまた生まれたら、どんなにいいことだろう。ただし、そのときは海外雑誌の「日本版」ではなく、コ

アーノルド・ギングリッチ（Arnold Gingrich） 1903～1976年。アメリカの雑誌編集者。1933年にシカゴで『Esquire』誌を創刊し、1961年まで編集長の座にあった。彼と『Esquire』という雑誌については、エスクァイア日本版特別編集による「アメリカ版『エスクァイア』全表紙896」に詳しい。

Esquire

ンセプトもふくめ、まったくゼロからつくるべきだ。

だから私は『Esquire日本版』の休刊を惜しまない。ただ、さよならをいうだけだ。私たちはもう、「舶来雑誌」に頼らずにいい雑誌をつくれるだけの経験と技術を身につけたはずなのだから。

POSTSCRIPT

休刊が伝えられてすぐ、この雑誌の復刊を呼びかける『Esquire日本版』復刊コミッティが結成され、ネット上で署名活動も行われた。しかし署名は1年間で１０５２通しか集まらず、目標の５０００通には遥か届かなかった。それも当然だろう。理由があってなくなった雑誌を、一方的な思いだけで生き返らせることなどできない。雑誌というのは、必要だと思ったらその人間が自分で立ちあげるものだ。ネットの署名で雑誌を復活させようなんて甘すぎる。古い雑誌の死を悼むより、新しい雑誌の創刊を。それが「Stay hungy. Stay foolish.」という言葉の本当の意味のはずだし、１９３３年にこの雑誌を立ち上げたギングリッチはそのとおりのことを自分でやったのだ。この雑誌だけは、いつまでも「復刊しない」ことを祈りたい。

LINKS ☞

『月刊PLAYBOY』

集英社

1975～2008年。いかにもアメリカ的なこの雑誌のヌードグラビアが刺激的だったのは30年以上昔の話。その後、ヘアヌードは日本でも解禁されたが、その頃には男子は「草食化」し女の裸に興味を失った。天寿を全うしての休刊だった。

COLUMN

未来の「プロトタイプ」としての『Whole Earth Catalog』

1968年にサンフランシスコで創刊された『Whole Earth Catalog』はアメリカのカウンターカルチャーが生んだ最良の出版物の一つである。「Stay hungry. Stay foolish.」というキャッチフレーズは、アップル社の創業者スティーブ・ジョブズが講演で引用したことで有名になったが、これはもともと『Whole Earth Catalog』の終刊号に掲げられた言葉である。初代編集者のスチュアート・ブランドが1972年まで手がけたあと、1998年の終刊までいくつものエディションが刊行されたが、「さまざまな道具や思想へのアクセス」という編集方針は最後まで貫かれた。一言でいえば、それは文字通り、知識の「カタログ化」である。当時のことを知らない世代でも、70年代に人気のあった『POPEYE』や『宝島』といった日本の雑誌に『Whole Earth Catalog』が大きな影響を与えたと聞けば、具体的なイメージがわくかもしれない。

いまやメディアの世界は、断片的な知識のアーカイブが当然となった。活字中心の堅い雑誌から、図版と文字を対等に扱うビジュアル雑誌を経て、カタログ化した知識をデータベースで検索するインターネットにいたる変化は、『Whole Earth Catalog』がいまから40年も前に示した考えの延長線上にある。

　インターネットが普及した時代以後に大人になった世代に、かつて『Whole Earth Catalog』は、いまのアマゾンとグーグルとウィキペディアをまるごと一冊にしたような存在をめざしていた、といえば驚かれるだろうか。

伝説化されたために古書価が値上がりし、アクセスが困難だったバックナンバーも、ウェブで誰でもみることができるようになった（各号のPDFも5ドルで購入できる。http://www.wholeearth.com/）。インターネット上に『Whole Earth Catalog』自体が「カタログ化」され、アクセス可能になったわけだ。

だからといって、もはや紙の雑誌は存在価値がなくなった、などとは思わない。かつての『Whole Earth Catalog』は、きたるべき未来を先取りした「プロトタイプ」だった。ネットが現在や過去の検索に向いているメディアなのに対し、雑誌は「未来」を志向するメディアといえるのではないか。願望や期待を込めてだが、雑誌はつねに次の時代の可能性を指し示すメディアであってほしい——いまはどんなに「foolish」にみえるとしても。

編集者対談

赤田祐一×仲俣暁生

再起動《リブート》せよ、雑誌たち！

赤田祐一（あかた・ゆういち） 1961年、東京都生まれ。編集者。少女雑誌『Popteen』編集者を経て、『磯野家の謎』『バトル・ロワイアル』などミリオンセラーを手がける。その後、『QuickJapan』（太田出版）、『団塊パンチ』（飛鳥新社）と創刊編集長を務め、現在は飛鳥新社出版部編集委員。

雑誌にとって大変な時代が続いてる

仲俣――2002年に出た『証言構成「ポパイ」の時代〜ある雑誌の奇妙な航海』の「はじめに」で、赤田さんはこう書いています。

> すさまじい時代に突入したものだ。『日本経済新聞』2001年12月21日号付によれば、雑誌休刊数が、この年過去最高になったという。代表的な雑誌では『FOCUS』『週刊宝石』『mc Sister』が休刊した。どこの雑誌も、軒並み苦戦している。
>
> （略）
>
> 「雑誌がつまらなくなった」といわれて久しいし、今では、そんな話題さえ出なくなってる。
>
> あなたは次号が待ちどおしくなるような雑誌を持っているだろうか。

「あなたは次号が待ちどおしくなるような雑誌を持っているだろうか」という言葉に、なんとかして返答しなくちゃと思ってはじめたのが、この本のもとになった連載「リブーティング・ペーパー・メディア」でした。

あれからさらに10年がたったわけですが、その後の展開にどういう印象をもちますか？

赤田――あのとき書いたことが加速度を増している印象があります。**『月刊PLAYBOY』**（→P32）も**『Esquire日本版』**（→P30）もすでに潰れたし、**『広告批評』『STUDIO VOICE』『ぴあ』**（→P142）……たいへんな時代がまだまだ続いていますね。ぼく自身、『団塊パンチ』という雑誌をつくっては16号で潰してしまうという渦中にいましたから、他人ごとではないです。

仲俣――この10年間の休刊誌の名前を箇条書きにするだけでもたいへんなことになります。

連載をはじめるとき、じつは一つだけルールを決めたんです。すでに休刊した雑誌を意図的にとりあげることはアリだが、現役の雑誌をとりあげる場合、近いうちに潰れそうな雑誌はとりあげない、という（笑）。

赤田さんの**『団塊パンチ』**も休刊してしまったけれど、そもそも創刊はどういう経緯だったんですか？

赤田――ある日、社長から呼びだされて、「編集長をやれ」といわれまして。飛鳥新社で、60年代ネタは、お前が一番詳しいからと。団塊世代の大量退職が、07年頃からはじまって

『STUDIO VOICE』
1976年の創刊当初はタブロイド判の新聞で、米『Interview』誌と提携していた。1979年より月刊誌となり、オルタナティブ・カルチャーの教科書的な雑誌として機能してきたが2009年で休刊。現在はウェブとiPad/iPhoneアプリがある。

『広告批評』
1979年にマドラ出版より、同社社主の天野祐吉を編集長に、島森路子を副編集長として創刊されたリトルマガジン。1980年代のコピーライター・ブームのもとで広告業界だけでなくサブカルチャー的な読まれ方をしたが2009年に休刊。

『証言構成「ポパイ」の時代〜ある雑誌の奇妙な航海』
赤田祐一著、太田出版（2002年）。『POPEYE』の黄金期を支えた創刊編集長の木滑良久氏をはじめ、当時の編集者、ライター、デザイナー、イラストレーターら13人に取材した「証言」で綴る雑誌史。

いたでしょう。
仲俣――「プレミアム世代」などと呼ばれて、その退職金が狙われてましたよね（笑）。
赤田――『団塊パンチ』も、それを見込んでました。団塊世代のリーディングマガジンだった**『平凡パンチ』**は刊行当時、最高で150万部を売ったそうですが、その『パンチ』を若い頃買ってた人たちの1%でも買ってくれたら、という話です。創刊号は、ぼくとデザイナーの緒方（修一）さんの二人で自由につくりまして、3万部も刷ったんですが仕上がりは6000部程度でした。社長からは「厳しい時代なんだから、創刊誌は完売しなくては、続けられないぞ」と告げられましたね。歴史は繰り返すというのか、**『QuickJapan』**（→P102）を創刊しようとして、ゼロ号をつくったときと同じような会話がなされます。同じフォーマットで2号目を「ビートルズ」特集としてだしましたが売れず。売れないと、ああでもないこうでもないといわれるんです。タイトルが悪いとか、判型がマイナーだとか、企画が回顧的すぎるとか。そのうち、外部から呼ばれたアドバイザーの意見が入ってきた。広告をとりやすくするために月刊化しようという展開になって、急遽人員を増やし、アートディレクターも変え、判型も中綴じに変えたんですが、あれからおかしくなってきましたね……。後半は、平綴じで、オールカラーにしたけど、さらに部数が落ちてしまった。最初のまま突っ走ったほうがよかったとも思うんですが、企業の論理はそうはいかなかったんです。
仲俣――雑誌が売れない理由の一つは、本屋さんの数が減ってしまい、売り場としての力が落ちたことですよね。雑誌そのものの力も弱まっているけれど、売る場所の問題が大きい。量から質へ、という転換のなかで、90年代のインディ雑誌ブームのときは渋谷の「タワーブックス」をはじめ、レコード屋や雑貨屋にも雑誌が置かれて、海外雑誌やCDと一緒に売られていました。そこにはふつうの書店とは違う風景があった気がします。
赤田――90年代は、月に数回は「タワーブックス」の入荷をチェックしに行ってましたね。
仲俣――いまはどのへんによく行きますか？
赤田――「東京堂書店」「タコシェ」「模索舎」。最近はコミケやコミティア、文学フリマなどの即売会に足を運びますね。個人発行で50部

コミケやコミティア、文学フリマ
コミケ（コミック・マーケット）は1975年から続いているマンガを中心とする同人誌即売会。コミティアは1984年からはじまった創作マンガ限定の同人誌即売会。文学フリマは2002年からはじまった文芸と批評を中心とする同人誌即売会。

『平凡パンチ』
1964～1988年にかけて平凡出版（現マガジンハウス）から刊行された週刊誌。大橋歩の表紙イラストで1960年代の若者の人気をあつめる。88年の休刊後、1989年に『NEWパンチザウルス』として再創刊されるも4カ月で再休刊となった。

『団塊パンチ』
2006～09年にかけて飛鳥新社から刊行された。赤田祐一氏が編集長をつとめ、「元気な50代のための意識革命マガジン」として創刊されるもあえなく休刊。創刊号から5号までの内容の一部がGoog leBooksで公開されている。

『私の体を通り過ぎていった雑誌たち』
1960年代から1980年代にかけて、小学校から大学時代にかけての著者が愛読してきた「雑誌がいちばん面白かった」時代の雑誌を通した精神史。（2005年刊、現在は新潮文庫）

『MONOCLE』
イギリスで2007年に元『Wallpaper』の編集長だったタイラー・ブリュレが創刊した雑誌（年10回刊）。グローバルな視点でビジネス、文化、ファッション、デザインをなどをカバーする。

とか100部とかのリトルマガジンが気になるんです。

仲俣――メジャーな雑誌ではなにを評価しますか。

赤田――**『文藝春秋』**（→P74）は、やはりすごいですよね。

仲俣――悔しいですよね。日本的な雑誌のスタンダードをつくったのが1920年代に創刊された『文藝春秋』で、こちらはいまもあまり姿を変えずに生き残っているのに、アメリカから輸入文化的に入ってきた『月刊PLAYBOY』とか『Esquire』みたいな大判のグラフィック雑誌は、商業誌の舞台から退場してしまった。輸入文化としての雑誌の気風は、オルタナティブな場所に残っている気がします。

赤田――紙の雑誌ではありませんけど、都築響一さん（→P16）のブログ（「roadside diaries」）なんて好きですね。

仲俣――ぼくらが感じていた「雑誌的な面白さ」を、ネットから感じている若い人は多いでしょうね。紙の雑誌に必然性があるとしたら、「場所」との関係もあると思うんです。本屋だけでなく、カフェや雑貨屋だったり、遊びに行った人の家だったり。赤田さんは雑誌を読むのに好きな場所はありますか？ それとも雑誌は基本的に家で読みます？

赤田――こだわりはないですね。

仲俣――ぼくはけっこう、定期購読で家に雑誌が届くのがいいな、と思いはじめてるんです。買いに行かなくても手紙みたいに届くのが、なんだか嬉しい。

赤田――海外誌の定期購読は安いんですよね。

仲俣――円高の影響もあるけど、海外の雑誌はかなり安く手に入りますね。ぼくはイギリスの雑誌**『MONOCLE』**を定期購読してるんですが、英語なのでぜんぜん読み切れず、どんどんたまっていく。でも、そういうモノとしての存在感から、日本の雑誌にはない価値観の多様さを感じるという、マゾヒスティックな境地なんですよ（笑）。

赤田――雑誌の読みかたもずいぶん変わりましたね。雑誌は買った日に必ず、「フォト・リーディング」というのか、ざっと眺めるんです。そうしないと、買ったことさえ忘れてしまうから（笑）、買った日に記憶に刷り込ませる。でも『文藝春秋』のような大部数の雑誌は急がずに、図書館に行って半年分まとめ読

『マガジン』『サンデー』『キング』
『週刊少年サンデー』と『週刊少年マガジン』は1959年の創刊、『週刊少年キング』は1963年の創刊。1968年創刊の『週刊少年ジャンプ』、1969年創刊の『週刊少年チャンピオン』とあわせて五大週刊少年誌といわれた。

みするとか、そういう読みかたになりましたね。片岡義男さんが、むかしなにかに書いていたんですけど、**『ROCKY MOUNTAIN MAGAZINE』**というコロラド州のタウン誌を直接購読していて、「1年分溜まったら、まとめて封を切って、暖炉の前で読むのが楽しみだ」と。なんて悠長な、とか思いましたが、ぼくも次第に片岡義男方式に近づいてきました。

仲俣――「積ん読」というか、読まずにアーカイブしておいて、あるときに集中して読むというのはぼくもあります。雑誌は「新しい情報を載せるメディア」としては敗北したかもしれないけれど、たまに休暇ができたら長期の旅行に行くように、「非日常」的な体験として雑誌とつきあってみるのもいいですよね。

「B面」が面白い

仲俣――赤田さんが1961年生まれで、ぼくは1964年の早生まれ。学年でいうと二つ違いでほぼ同世代ですよね。でも、赤田さんぐらいまでの世代と、ぼくの世代との間で線が引かれていて、雑誌との距離感が違う気がします。

赤田――やっぱりゲーム機器が出てきてからでしょうね。ぼく、ゲームやりませんから。本読んでるほうがいい。

仲俣――連載をはじめる前に坪内祐三さんの**『私の体を通り過ぎていった雑誌たち』**という本を読んで、ちょっと驚いたんです。あの本でとりあげられている雑誌の多くは、ぼくも実際に読んだことがあるけれど、そんなに強い感情を込めて読んでいなかった。正直に告白すると、雑誌に対して強い愛情を感じたことがないんですよ。雑誌が「体を通り過ぎ」たという記憶が希薄なんです。世代や雑誌の原体験の違いもあるかもしれない。赤田さんは感覚的には坪内さんに近いですよね。最初にガツンときたのはなんでしたか？

赤田――**『少年マガジン』**ですね。「あしたのジョー」とか「巨人の星」が連載されていて、「黄金時代」と語られる時代のものです。

仲俣――何年生ぐらいから読んでたんですか？

赤田――小学校の低学年頃から。『マガジン』**『サンデー』『キング』**は、だいたい欠かさず読んでました。

仲俣――うちは親にマンガ雑誌を買うのを禁止されていたので、友だちのを回し読みしてました。おかげで雑誌の原体験と呼べるものはだいぶ遅くて、小学高学年の頃の**『月刊天文ガイド』**。天体観測を趣味にしている大人たちがとても魅力的に思えて、その頃にはじめて親に天体望遠鏡を買ってもらったんです。背伸びして大人の仲間に入りたいんだけど、踏み込む勇気がない。そのかわりパスポートとして、『月刊天文ガイド』だけは毎号必ず買うという子どもでした(笑)。

赤田――「陸サーファー」みたいな(笑)。ぼくもそうですね。無線やらないのに**『CQ』**というアマチュア無線の雑誌を買ってみたり、「英語を勉強するから」といって**『SNOOPY』**という雑誌を買ってもらったり。ほかにもボーイスカウトの雑誌とか深夜放送の雑誌とか、面白そうな雑誌を手当たり次第に読んでましたね。印象深いのは、小学生の高学年の頃、駅の北口に昔からの古本屋があって、そこに60年代後期の**『ガロ』**のバックナンバーが大量にあったんですよ。林静一とか、水木しげるの時代の。

仲俣――それは運命的な出合いでしたね(笑)。

赤田――でも、『ガロ』より『少年マガジン』の影響がずっと大きかった。そのあとに熱中したのが**『宝島』**ですね。お金がないから立ち読みばかりでしたけど。

仲俣――**『ビックリハウス』**は読んでました?

赤田――立ち読みで済ませてました。萩原朔美編集長の感じが好きで、高橋章子さんのパロディ路線になってからは、あまりのれなかったな。

仲俣――そこも世代がちょっとだけズレてますね。ぼくが読みはじめた頃はもう章子さんの時代になっていた。何度か投稿が載ったこともあるけれど、あの雑誌も敷居が高い感じがして、深くコミットできなかったんです。大学に入ってから遅れて『宝島』を読みはじめて、その影響でいろんな音楽を聴くようになったけど、ライフスタイルにぴったりきたというより、「どうやらいまはこういうのが流行ってるらしいから自分も聴いてみよう」という、すごく奥手な読者でした。

赤田――ぼくも**『POPEYE』**(→P10)をマニアックに読んでたけど、スケボーやったことないですよ。高校の同級生には、ポパイ少年みたいなのが結構いましたが。

仲俣――『POPEYE』の創刊はよく覚えていて、クラスで話題になっていた。でも、ぼくは当

『宝島』
1973年に晶文社から『Wonderland』として創刊（3号目から『宝島』と改題）。1974年からJICC出版局（現宝島社）からの刊行となり、判型もB6判となった。その後も時代の流れとともに判型や編集方針をめまぐるしく変えつつ現存。

『ガロ』
1964年に青林堂の長井勝一氏が創刊した伝説的なマンガ雑誌。白土三平の『カムイ伝』が連載され60年代の若者に熱狂的に支持された。編集者の一斉退社により青林堂と青林工藝舎に分裂後、97年に休刊。後者は『アックス』を創刊し現在に至る。

時から斜に構える子どもだったから、まったく興味がないふりをして、あとで本屋で立ち読みして（笑）。赤田さんは創刊号から読んでたんですよね？

赤田——創刊4号（1977年）、月2回刊になってからです。サーフィンの話題より、「POP-EYE」という縦組みコラムの記事が面白かった。マフィアの話とか『沙漠の魔王』というSF劇画の話、はたまたヘルマン・ゲーリングの話なんかが男の井戸端会議ふうに脈絡なしにグシャッと詰まっている感じに魅かれてたんです。

仲俣——なるほど、雑誌は別にメインのコンテンツに共感しなくてもいい、と（笑）。

赤田——B面が好きなんです。『証言構成「ポパイ」の時代』も、B面雑誌としての『POPEYE』について書いてますから。書きたかったのはサーフィンとかアイビーとかA面の話ではないんですよね。

仲俣——B面でさえなく、「余白」でつながってた雑誌に**『ぴあ』**があります。なにしろ、映画や音楽の情報には関心がなくて、誌面の余白に載っていた読者投稿欄の「はみだしYouとPia」しか読んでいなかった（笑）。雑誌が元気だった時代には、中心にあるコンテンツにコミットしなくても、B面だけを読んだり、周りでウロチョロしてるだけで、十分その熱気とか面白さを体験できた気がします。

赤田——最新情報といえば、とにかく雑誌でしたから。雑誌を追いかけることが楽しかった。

仲俣——ジョン・レノンの「イマジン」という曲じゃないけど、「インターネットも携帯もない時代を想像してごらん」っていわれても、いまの若い人には天国や国境が存在しないことを想像するより、はるかに難しいかもしれないですよね。

カウンター・カルチャーの文脈

赤田——話は変わりますが、仲俣暁生という名前を知ったのは結構古くてですね、89年、「みえない大学本舗」というイベントに行ったときのことです。司会の浅羽通明さんが、「今日は**『CITY ROAD』**（→P141）の人が、客できてます」と話していて…。

仲俣——えっ！ 今日はじめて知りました（笑）。

赤田——『CITY ROAD』の人は、橋本治のことを熱く語っていました。あとで『CITY ROAD』の編集後記をチェックしてみたら、

『Popteen』
1980年に角川書店から創刊された10代の少女向け雑誌。過激なセックス体験談などが売りだった時期もあるが、現在は通販とからめたギャル向け雑誌。飛鳥新社が編集をしていた時期に赤田祐一氏も在籍。

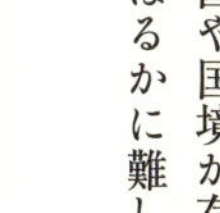

『ビックリハウス』
1974～1985年にかけてパルコ出版から刊行されていた読者投稿雑誌。創刊編集長の萩原朔美氏は元劇団天井桟敷の俳優・演出家。のちに高橋章子氏が二代目編集長となる。

フリッパーズ・ギターの話や橋本治の話、『03』とか『i-D』など雑誌のことをゴチャゴチャ書いてる編集が一人いて、身元照会ができたというわけです（笑）。実際に仲俣さんとお話をしたのは、その20年後でしたが。

仲俣――『CITY ROAD』はかつての『ぴあ』の競合誌で、１９９０年代の初めに休刊になってしまいました。ぼくがいたのは１９８９年から１９９２年までなので、その間ですね。その頃の赤田さんは？

赤田――『Popteen』という雑誌をつくってました。

仲俣――ぼくが赤田さんを知ったのは、『磯野家の謎』がベストセラーになったときです。その人があとで『QuickJapan』という雑誌を私費で創刊したと知って、羨ましいような悔しいような気持ちでした。

赤田――先ほど雑誌体験の違いのような話をしましたが、仲俣さんとぼくのなかにはたぶん、世代的に「雑誌」というものについての共通イメージがあると思うんです。『RollingStone』や『THE NEW YORKER』『the village VOICE』など、60年代から70年代にかけての元気があったアメリカ雑誌のことを、雑誌のあるべき理想の姿であるという共通認識はありませんか。

仲俣――たしかに、ぼくも『宝島』とかを通じてアメリカにはどうやら自分好きな雑誌の「本家」にあたる雑誌があるらしいと感じとっていました。それに、もともと音楽が好きだったから、ロックとかの歴史をいろいろさかのぼって調べていくと、『RollingStone』という雑誌に行き当たる。60年代以降のカウンター・カルチャーに興味をもつと、ほかにもアンディ・ウォーホルの『Interview』とか、節目に必ず雑誌が存在していることに気づかざるをえなかったんです。

赤田――ぼくの場合、常盤新平や片岡義男、川本三郎、青山南、鏡明などの諸氏が雑誌に書いていたもの、とくにアメリカ文化について深く言及した文章が好きで、『ハッピーエンド通信』とか『週刊プレイボーイ』の囲みのコラムとか、片っぱしからチェックして追いかけてたんです。コラムを読んでいくと、頻出する用語がある。そのへんからたぐり寄せていって『RollingStone』の周囲に本物があるんじゃないか」という匂いのようなものを感じてましたね。

『THE NEW YORKER』
1925年に創刊されたアメリカの伝統ある週刊誌。サリンジャー、ナボコフ、アップダイクらが活躍した20世紀アメリカ文学の牙城であり、村上春樹の作品もときどき掲載される。現在はiPad向けの電子雑誌版でも刊行されている。

『RollingStone』
1967年にサンフランシスコで編集者のヤン・ウエナーと音楽評論家のラルフ・J・グリースンによって創刊された音楽雑誌。政治や大衆文化全般も扱い、新しいタイプのジャーナリズムを生んだ。1973年に桑原茂一らが参加して日本版が一度創刊されたがまもなく休刊。2007年に再創刊された日本版は現在も健在。

仲俣――大正時代に菊池寛が創刊した『文藝春秋』が、いまだに雑誌の王座として居座っていますが、アメリカのカウンター・カルチャー的な雑誌は、日本ではそれに対するカウンターでもあった。ただ、そのあとに日本社会がアメリカと同質化していったせいで、アメリカへの憧れみたいなものは確実に薄れていった気がします。

赤田――中森明夫さんや山崎浩一さんなども当時、『RollingStone』はすごいといっていましたね。でも、その下で、仲俣さん世代の菅付雅信君になると、『i-D』『THE FACE』が最高だというんですね。

仲俣――菅付さんは『Composite』でぼくにはじめて連載の場をくれた編集者なんです。1990年代の前半には『i-D』の日本版が出ていたし、新潮社も似たコンセプトの『03 TOKYO Calling』という雑誌を出していた。アメリカ西海岸のヒッピー文化から、パンクやニューウェイブへの変化とシンクロしていた面もあるでしょうね。

　中森明夫さんと『東京おとなクラブ』というミニコミをつくっていた遠藤諭（エンドウユイチ）さんはその後、『月刊アスキー』の編集者になりましたよね。雑誌の世界からITやネットの世界に入っていく人が、ぼくの周りにはたくさんいます。なぜ赤田さんはパソコンとかインターネットとか、そちらのほうに行かなかったんでしょう？

赤田――キーボード・アレルギーだったのかも。

仲俣――アメリカの雑誌文化に憧れたなら、ヘミングウェイみたいにタイプライターでカチャカチャと原稿を書くことに憧れたりしませんでした？

赤田――そういうふうにスタイルからは入らなかったんですね（笑）。『QuickJapan』の編集長をやってたときも、DTPの本格的な導入というのはぼくが辞めてからでしたし、デザイン面は一切羽良多平吉さんにお任せして、取材して原稿をつくることだけで手一杯というのが正直なところです。仲俣さんと比べると、ネットワークに接続したのがはるかに遅かったんですよ。

「声」と「D.I.Y.」

仲俣――最近のカルチャー誌が、ぼくにはまったく面白くないんですよ。

赤田――同感です。まるで面白くない。

『ハッピーエンド通信』
1979年にニューミュージック・マガジン社から創刊された雑誌。常盤新平、青山南、川本三郎の三氏を編集委員とし、アメリカ現代文学の紹介につとめた。初期の村上春樹が原稿を寄せていた。編集をつとめた加賀山弘氏はその後1988年に『Par AVION』を創刊。

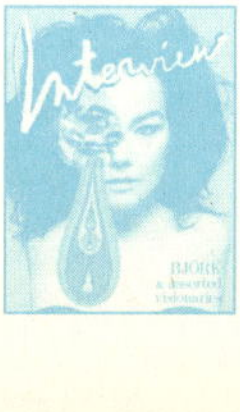

『Interview』
1969年にアンディ・ウォーホルが創刊したアメリカの雑誌。テープレコーダーによる録音マニアだったウォーホルは、この雑誌でノンエディットによるロングインタビューを売り物にした。

『the village VOICE』
1955年に創刊されたニューヨークの週刊タブロイド新聞。オルタナティブな誌面で知られていたが、2005年にNew Times Mediaに買収された後は誌面がメインストリーム化し、以前のスタッフの多くが退職している。

『THE FACE』
1980年に元『NME』のニック・ローガンが創刊したイギリスの雑誌。81年から86年までネヴィル・ブロディがアートディレクターをつとめた。90年代までは勢いがあったが1999年にメディア企業EMAPに売却され2004年に休刊。

『i-D』
1980年に元『VOGUE』のアートディレクターだったテリー・ジョーンズが創刊したイギリスの雑誌。1991年にはUPUから日本版『i-D Japan』も創刊されたが翌92年に休刊。本家の『i-D』は現在も存続しており、休刊したアメリカのデザイン『I.D.magazine』は別の雑誌。

仲俣――『QuickJapan』も、いってみればサブカル雑誌ですよね。でも、赤田さんがやっていた頃の『QuickJapan』や、そのあとの赤田さんの活動を説明するには、サブカルとは別の言葉をつかったほうがいいんじゃないか。

　印象に強く残っているのは『QuickJapan』を創刊したときに、赤田さんが「ニュー・ジャーナリズム」という言葉をつかったことなんです。赤田さんがずっとやってきたのは、「カルチャー」とか「サブカル」というより、一種の「ジャーナリズム」なんじゃないかな、って。

赤田――そういってくれる人はほとんどいないので嬉しいですね。「ニュー・ジャーナリズム」についてはいろいろ調べたんです。『POPEYE』のごく初期の号（1978年、通巻22号）に、北山耕平さんが6ページで「ニュー・ジャーナリズム特集」を書いたことがあるんです。トム・ウルフ、ゲイ・タリーズ、カポーティの『冷血』とかハンター・トンプソンの作品などをとりあげた、実に印象的な特集でした。日本のニュージャーナリストとしては、内田百閒と、先日急逝した坂本正治の作品をとりあげていました。

仲俣――そういえば、ハンター・トンプソンの『ヘルズ・エンジェルズ』が、最近やっと翻訳されましたね。ところで、もしお金も時間も存分にあって自由につくっていいとしたら、いまどんな雑誌がつくりたいですか？

赤田――ビジュアルに特化した雑誌をつくりたいとは、あまり思わないんです。いま月刊誌で刊行されているものとは別の、73年に出ていたほうの『RollingStone日本版』に、ジョー・エスターハスという当時『RollingStone』の編集者が「銃を捨てた兵士」というベトナム戦争の話を書いていて、その迫力に唸らされました。80枚くらいあったと思いますが。こういう話が一挙掲載できるような「ニュー・ジャーナリズム」を徹底してやる雑誌をやってみたい。

仲俣――よく、〝読む雑誌〟から〝見る雑誌〟になったといわれますよね。グラフィカルなものが強くなって、活字の力が弱くなった、と。でもいまあらためて考えると、いま面白いと思う雑誌はあんがい字が多い。書く側の立場としても、たっぷり書ける雑誌はありがたいです。短い原稿の依頼はよくあるけれど、

『月刊アスキー』
1977年に西和彦らにより創刊された日本のマイコン雑誌の草分け。「パーソナルコンピュータ総合誌」としてアスキー社の中核雑誌となる。2008年に『月刊ビジネスアスキー』へとリニューアルしたが2010年に休刊。

『03 TOKYO Calling』
1989〜1991年。新潮社が出版していたカルチャーマガジン。『i-D Japan』とともに日本の雑誌シーンにオルタナティブな彩りを添えるが、バブル経済の最盛期は過ぎており長く持ちこたえることはできなかった。

40~50枚をまとめて書ける場所って、文芸誌や論壇誌をのぞけば、ほとんど存在しません。ある程度まとまった量の文章を載せたいと思ったら、自前でメディアをつくるしかないでしょう。

そんななかで、たとえば**『Spectator』**（→P26）では『証言構成「COM」の時代~あるマンガ雑誌の回想』という連載をやっている。あれだけのボリュームの連載記事が載るのは素晴らしいことです。

赤田――『Spectator』は、この前、編集長と話したら、これからはイメージとして**『GRANTA』**（→P64）みたいにしたいといってましたね。

仲俣――『GRANTA』は伝統あるイギリスの文芸雑誌ですけど、日本の文芸誌と違ってノンフィクション作品も載せてますよね。『Spectator』がやりたいというのも、文学というより…。

赤田――『GRANTA』の、活字をきちんと読ませたいという「たたずまい」なんでしょうか。たとえば若い人に、2ヵ月くらいマグロ漁に出てもらって、そんな何人かの体験を書いてもらった文章をあつめて別冊のようにしたいといってました。『Spectator』は年に2回しかださないと決めたそうだけど、3、4回だしたほうが雑誌らしいんじゃないかなという気がしますね。毎回、雑誌のつくりが単行本的なんですよね。

仲俣――月刊誌がどんどん特集主義になって、毎回テーマの違うMOOKみたいになっていく傾向があります。雑誌を毎号買ってくれる固定層が減ってきている以上、1号ごとに立たせていくしかない。でも、そうなると隔月でも季刊でも、年2回とか、さらにいえば1回でもいい、ということになる。MOOK化と同時にやたらと分厚くなる傾向もありますが、反対に、**『murmur magazine』**（→P138）のようにちいさくて軽いZINEもいろいろでてきました。

赤田――『murmur magazine』は好きです。編集長の服部みれいさんは雑誌の文体というものを意識していますね。だから雑誌全体が話し言葉で、彼女のおしゃべりっぽい文体が生きている。「浄化しまくりっ！」とかね（笑）。「声」がある雑誌は貴重だと思います。

仲俣――「声」の重要性というのは小説でもいわれることで、翻訳者の柴田元幸さんがよく

『Make』
2005年にオライリーから創刊されたコンピュータやロボット、電気工作などのDIY雑誌。2006年から日本語版も出版されており、Make: Tokyo Meeting というリアルイベントも毎年行われている。

『音盤時代』
RAW LIFEというライブイベントを主催してきたことでも知られる浜田淳氏が2011年に創刊した音楽雑誌。70年代の『宝島』を思わせる判型とレイアウトが懐かしくも新鮮。

強調していますが、雑誌の「声」の場合も大事ですね。いまは自分でも書くタイプの編集長が少なくなってきた。大手の出版社がだす雑誌って、基本的に編集者は原稿を書かないですからね。

赤田――編集後記も書かないですね。

仲俣――でもほんとは編集後記はすごく大事なんですよ。どんな人がつくっているかよくわかるから。

赤田――「声」が聞こえる雑誌からは、雑誌ならではの匂いがします。つくり手自身が書くことも大事なんですよね。『Spectator』がそうしてます。

仲俣――そのせいか、『murmur magazine』と『Spectator』は、判型は違うけどなぜか印象が近い気がします。

赤田――初期の『murmur』は、『Spectator』と同じアートディレクターだったりするんです。

仲俣――なるほど！　どちらも雑誌がつくり手のライフスタイルに結びついてる、という共通点も共通していますね。

赤田――2誌とも中心的なイメージに、今様のカウンター・カルチャーがあるんだと思うんです。

仲俣――それはすごく感じますね。いま、ほかに気になる雑誌はありますか？

赤田――まだ0号と1号が出たばかりですが、**『音盤時代』**というリトルマガジンは知ってますか。浜田さんという方が一人でつくってるんですが、レコードに対する愛情と誠実さにあふれています。書かれている文章がひらかれているのもいい。オライリーの**『Make日本版』**という雑誌もいつも気になります。この雑誌もルーツにカウンター・カルチャーがあるでしょう。電子機器を壊してみるとか改造してみるとか。ぼくは自分では工作はやりませんけど、記事は面白いですよ。

仲俣――オライリーはIT関係の大きな出版社ですが、『Make』は**『大人の科学』**をもっとマニアックにしたような、「自作系」の人のための雑誌ですよね。この雑誌の思想はようするに〝Do It Yourself〟。カウンター・カルチャーは、なんでも自分でつくるというところからスタートしている。

　ぼくがパソコンやネットのハッカー文化に親近感を抱くのも、自分たちの生活を、ちいさな技術の積み重ねで改善していったり、アイデアを具体的なかたちにしていく、という初期の雑誌にあったD.I.Y精神を感じるから。紙であっても、『murmur magazine』や『Spectator』に通じるのは、生活をD.I.Yでやっていく感覚です。

赤田――昨年と今年の9月にアメリカの「**ZINE FEST**」という催しに行って、向こうのZINEをいろいろ買ってきたんですね。**MICROCOSM**っていうちいさな出版社が一番よかった。3年前に『Spectator』がインタビューしてますけど。

仲俣――いろいろもってきていただきましたが、1990年代にタワーレコードとかで北米のZINEを見て面白いと思ったときの雰囲気と、あまり変わっていない感じがしますね。

赤田――アメリカって基本的には流行というものがない国ですから。「ZINE FEST」は、バスケットボールのコート4つくらいの体育館みたいな空間に200あまりのブースがでるんですが、先のMICROCOSMのブースでは自転車の今日性をアピールしていたりする。自転車にカウンター・カルチャーとしての意味をもたせているんですね。

仲俣――これはカッコいい！ 最近、自転車は日本でもブームがきてますが、家と自動車、つまりマイホームやマイカーの時代から、自

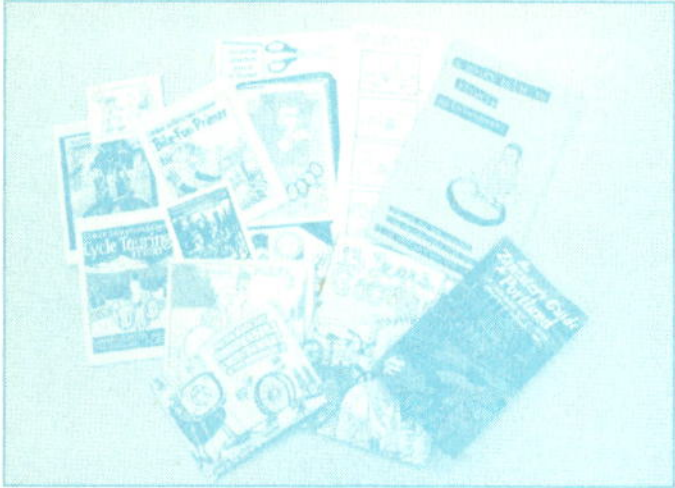

MICROCOSM っていうちいさな出版社
ZINEやその関連商品の流通販売と出版活動を行なっているアメリカの非営利団体。カンザス州に出版部門Microcosm Publishingが、オレゴン州ポートランドにMicrocosm Storeがある。
http://microcosmpublishing.com/

アメリカのZINE FEST
毎年サンフランシスコで行われているZINEやマンガやアートブックの展示即売イベント。写真は2011年9月3日・4日に行われた第10回目のもの。
（撮影：赤田氏）

転車のような個人のツールへと興味の向かう先が変わってきているんでしょうね。雑誌を面白いと感じるかどうかは、ライフスタイルとマッチしているかどうかがポイントで、自分のライフスタイルのなかに雑誌が適切に位置づけられていれば、それが面白い雑誌なんだと思うんです。

逆に、雑誌の側が読者に向けてライフスタイルや流行を押しつけようとしても、現実からあまりに乖離していれば、人は雑誌を手にとらない。ぼく自身、このところ生活のなかで雑誌とのつきあいがなくなっていきました。

赤田さんにとっては、いまはZINEみたいなものが気分としてピッタリきてるんですね。

赤田——いま、自分の気持ちにあう雑誌を探そうとすると、同人誌即売会のような場所に行ってしまう。同人誌は雑誌の原点だと信じているし、新しい感覚の雑誌にいつも触れていたいという気持ちがあって、それでZINE FESTに行ったりしてるんですね。手づくりのイベントには、闇市みたいなというか、なにがでてくるかわからないアマチュアの面白さがあるんです。

2 「読む」雑誌の現在

小説やエッセイや批評を「読む」ための雑誌はとても多様化している。そこでは創刊から１００年を超える文芸誌と、批評家がたちあげた新雑誌が共存し、誰にはばかることもなく、自分の責任において紡がれた言葉が行き交っている。いま、「読む」雑誌の最前線はこんなにスリリングだ。

真夜中

ストレートな「書き言葉」で時代精神を伝える

２００８年4月に創刊された『真夜中』の最初の号を手にしたとき、新しい雑誌と出合うときのワクワクした気分を、久しぶりに感じた。『真夜中』という雑誌がでることは、知人の作家・大竹昭子さんから聞いて知っていた。名前から、きっといい雑誌になるだろうと直観したが、創刊号は期待を裏切らない仕上がりだった。

『真夜中』はＡ４判・角背の季刊誌。ビジュアル主体の雑誌ならともかく、「活字」主体の雑誌としては異例の大判だ。「本は真夜中の庭で」と題された小説家・堀江敏幸による創刊号のエッセイで、「真夜中」という言葉がフランスの文芸出版社ミニュイと同じ意味だと知った。

このエッセイには扉のページがあり、その対向ページに編集部から読者に向けた言葉が掲げられている。そこに次のような一節がある。

「『真夜中』のテーマは、文芸、アート、デザインと、ジャンルにとらわれず、人間の想像力、表現のすばらしさと自由、現実に抗う力、そして自分と自分をとりまく世界を変えようとする意志です」

「世界を変えようとする意志」なんていう言葉を雑誌の誌面で久しぶりに目にした。この言葉は編集長の熊谷新子氏によるものだ。

創刊から丸2年目となる8号のテーマは「ケンカ２０１０」。表紙を飾るのは小林エリカのイラストで、血しぶきのような鮮烈な赤い色が印象的だ。夜のようなモノトーンの

ミニュイ社（Les Éditions de Minuit）　フランスの文芸出版社。1941年にドイツ軍占領下のパリで地下出版社として誕生し、解放後はベケットやロブ・グリエらの作品を刊行して前衛文学をリードした。同社の本は白地に青いラインと文字だけのシンプルな表紙デザインが特徴。

『真夜中』

2008年創刊（リトルモア）
公称発行部数　30,000～40,000部
定価1,260円（2011年現在）

印象が強かった『真夜中』も、ずいぶんカラフルになってきた。

『真夜中』は「書き言葉」の印象がきわめて強い、正統派の「文芸誌」である。多くの雑誌が、インタビューや座談会といった「話し言葉」による記事を中心に誌面を構成しているが、『真夜中』は掲載されているどの文章からも、つくり手の側に「いまこの人に、この文章を書いてもらうことには必然性がある」と感じていることが伝わってくる。

有名な作家というだけの理由で、『真夜中』に原稿が載ることはない。むしろ、一般的には知名度がなかったり、書くことが専門ではない人の、じつにいい文章が載るのがこの雑誌の魅力だ。そこから感じられるのは、この雑誌をつくっている編集者が受け止めている「時代精神」への感覚であり、それを同じように感じてくれる読者は必ずいるはずだという、読者に対する信頼である。

先に引用した文章の前段には、次のような一節もある。

「言葉は真夜中の星、写真は光、絵はともしび、デザインは夢」

このコンセプトを理解し、『真夜中』のデザインワークを一手に引き受けているのがアートディレクターの服部一成氏だ。どのページをめくっても、言葉とデザインの緊張感が伝わってくる。写真、イラストレーション、マンガといったビジュアル的表現は、言葉の魅力が最大限に発揮されるよう、禁欲的かつ大胆に配置されている。この雑誌の主役は、やはり言葉なのだ。

『真夜中』の発行元であるリトルモア社は、１９９７年から２００３年まで、社名を冠した『リトルモア』という文芸誌を刊行していた（編

真夜中

集長は中西大輔氏）。『リトルモア』は「文壇」の外にありながらも、90年代後半以後の日本の現代文学シーンを担う、重要な雑誌の一つだった。この雑誌の「ストリート・ノベル大賞」からは、福永信・宮崎誉子という2人の重要な作家が生まれている。

同じ文芸雑誌でも、『真夜中』の印象は、サブカルチャー色の強かった『リトルモア』と際だって対照的である。両者の違いは、90年代から00年代にかけての間におこった「時代精神」の変化を、静かに、そして雄弁に物語っている。

POSTSCRIPT

創刊から4年目になる『真夜中』の誌面は、さらにカラフルになった。大きな判型を生かし、写真を大胆にみせるページがかなり増えてきたからだ。13号（2011年初夏号）の特集「映画が生まれるとき」、14号（同年初秋号）の特集「ノンフィクション」では、とくにそうした傾向が顕著だった。それでもこの雑誌の基本は、いまでも「書き言葉」にあると感じる。一つの雑誌のなかでビジュアル表現と拮抗することにより、「書き言葉」はより繊細に、そしてタフになっていくのだろう。

LINKS ☞

『In The City』

TOKYO CULTUART by BEAMS

2010年創刊。洋書のペーパーバックを思わせる判型に都会的なセンスの小説やエッセイが並ぶ文芸誌。雑誌名の由来は70年代イギリスの人気バンド、ザ・ジャムの曲で、寺山修司風に「書を街に連れ出そう」がキーワード。（定価1,050円）

『en:taxi』

扶桑社

2003年創刊。古きよき文芸誌のテイストを今風にアレンジした「超世代文芸クオリティマガジン」。福田和也、坪内祐三、リリー・フランキーの３氏が責任編集。一時は大判化したが創刊時と同じA5判中綴じに戻った。（定価860円）

COLUMN

締め切りはまだこない

編集者にとって一番大変な仕事は、いい企画を立てることでも、できた雑誌を売ることでもなく、頼んだ原稿を締め切りどおりに手に入れることである。通常、数日程度の余裕をもって締め切りを設定するが、もちろん相手もそれをあらかじめ読んでおり、最後は心理的なかけひきになる。どうしても書かない場合、編集者が家までうかがって待機し、できあがるまで待つという究極の方法もあるが、それでも書かない人は書かない。締め切りに関しては、作家の筒井康隆氏による有名な三段論法がある。「締め切りまでに原稿を書かなければならない」「だが、すでに締め切りは過ぎてしまった」「だからもう原稿は書かなくていい」。もちろん、これを実践すると、間違いなく次から仕事がこなくなる。じつはこのコラムも、本の発売日が差し迫った段階で、冷や汗をかきながら書いているのでした。

yom yom

『yom yom』を読む人たちはどこに

世の中にはどうやら「本好き」というタイプの人々がいるようだ。それほどディープな本を読むわけでも、きわめて大量に読むわけでもないが、習慣的に月に何冊か本を買って読むという人たち。履歴書の趣味の項に、つい「読書」と書きたくなってしまう人（斎藤美奈子『趣味は読書。』）——とでもいえばいいだろうか。

おそらくその大半は女性であり、好んで読まれるのは文庫本、しかも小説である。いま本の読者層として最大のボリュームゾーンを形成しているのは、このような人たちであり、「文学青年」や「文学少女」ではない。

『yom yom』はまさにこの読者層に向けた雑誌として2006年暮れに創刊され、文芸作品を掲載する雑誌としては異例の成功を収めている。なにしろ創刊号から9号までは完売、大量に増刷した号もあるという。

発行元である新潮社は、日本を代表する文芸出版社であり、100年以上の歴史をもつ純文学雑誌『新潮』と、エンタテインメント小説を中心に掲載する『小説新潮』の2誌を発行している。そこに第三の「文芸の雑誌」として加わったのが『yom yom』だ。この雑誌の最大の特徴は、新潮文庫と連動しているところにある。A5判というサイズは旧来の文芸誌や小説誌と同じだが、新潮文庫のイメージキャラクターとして定着した100%ORANGEによる「Yonda?」のイラストが毎号の表紙を飾り、書店の店頭でも雑誌売り場ではなく、文庫売り場に置かれている。「文庫本2冊分」がこの雑誌のキャッチフレーズなのだ。

文庫と連動した雑誌としては、講談社の文庫情報誌『IN★POCKET』（1983年創

Yonda?　新潮文庫のイメージキャラクターである「本を読むパンダ」。ほかの文庫キャラとしては「ハッケンくん」（角川文庫）、「ぶんこちょ」（宝島文庫）、「ジッピィ」（実業之日本社文庫）、「メディワくん」（メディアワークス文庫）などがあるが、いずれも本気度が足らずイマイチ。なんでもかんでもキャラクターをつくればいいというものではないのだ。

『yom yom』

2006年創刊（新潮社）
公称発行部数　60,000部
定価730円（2011年現在）

刊）がすでに長い歴史をもっている。その意味では、『yom yom』は完全に新しいコンセプトというわけではない。成功の秘訣はどこにあるのだろう。

『yom yom』の最大の特徴は、1段でゆったりと組まれた本文レイアウトだ。小説の場合、1行あたり46文字×19行が基本フォーマット。2段組みでぎっしり組まれる通常の文芸誌や小説誌とはきわめて対照的である。小説以外のエッセイやインタビュー記事には、2段や3段のレイアウトが採用されているため、パラパラとめくっていても、1段組みであれば「小説」だとわかる。これはうまいやり方だ。

こうした手法は、このあとにでたヴィレッジブックスの『monkey business』や、リニューアル後の『早稲田文学』、そして同じ新潮社からでた『Story Seller』などでも踏襲され、新しいタイプの文芸雑誌に共通したインターフェイスになっている。

掲載されている小説のすべてが「読み切り」であることも大きい（エッセイには連載もある）。まずは『yom yom』で1作だけ読んでみて、気に入ったらその作家の文庫を新潮文庫で買ってね、というわけだ。ようするに『yom yom』は一種のサンプラー、試し読み作品集なのである。

通常の文芸誌や小説誌には、やがて単行本になる長編小説を連載する場としての役割がある。大量の文章をつめこむために文字組みがどうしても窮屈になり、これらの雑誌はどこか重たい感じがする。これに対して、「あくまでもサンプラーである」という位置づけを明確にすることによって、小説や文学のイメージを明るく、そして軽い感じに変えたことは『yom yom』の最大の功績だろう。

掲載作品のクオリティはどうかというと、これればかりは作家次第としかいいようがない。長編でこそ本領を発揮する作家も、ここでは短

yom yom

編しか載せようがないから、本格的な長編小説ファンにはもの足りないだろう。しかし、そのような「もの足りなさ」を感じさせ、文庫に誘導することこそが『yom yom』の役割なのだと思えば、そこに不満をいってもしょうがない。

　ちなみにこの雑誌、広告はほとんどなく（13号は資生堂とコムデギャルソン）、表4までが綺麗なイラストで彩られている。「雑誌」というよりは「雑貨」的にパッケージされていることも、人気の秘訣に違いない。

POSTSCRIPT

　創刊号からの作家別登場回数の一覧が『yom yom』のウェブサイトで公開されている。20号までの集計では、もっとも多い恩田陸が19回で、阿川佐和子の16回、三浦しをんの15回、重松清の14回、椎名誠の12回、倉田真由美と嶽本野ばらと大平健の10回が続く。『yom yom』に登場するのは、すでに新潮文庫から本をだしている作家だけだと思い込んでいたが、この一覧をみると必ずしもそうではないようだ。ちなみに外国人作家では新潮クレスト・ブックスから翻訳がでているイーユン・リーが3回、ミランダ・ジュライが2回登場している。日本の小説しか読まない読者に、こっそりと外国文学の楽しさを伝えようとしているのかもしれない。

LINKS ☞

『GINGER L。』

幻冬舎

2010年創刊。ファッション誌『GINGER』の姉妹誌という位置づけの文芸誌で、「ジンジャーエール」と読む。女性向けの文芸誌なので起用される作家も女性作家が多い。作品の一部がネットで立ち読みもできる。（定価880円）

『monkey business』

ヴィレッジブックス

2008～2011年。翻訳者の柴田元幸氏を責任編集に迎え、日本文学と外国文学、古典と新作の壁を超えて魅力的な小説を紹介してきたが15号で休刊。柴田訳によるサリンジャー『ナイン・ストーリーズ』全訳一挙掲載という号もあった。

COLUMN

定期購読というつきあいかた

雑誌は本屋やコンビニで買うもの、と思い込んでいる人はけっこう多い。でもたとえばアメリカでは、店頭で買うよりも定期購読でする人のほうがはるかに多い。日本では新聞を宅配でとり、雑誌は書店で買うのが普通だが、それがアメリカでは逆なのだ。

海外の雑誌は、定期購読をすると日本で買ってもかなり値段が安くなるし、「宅配」されることで雑誌へのコミットメント感も深まる。私がいま定期購読しているのは、イギリスの『MONOCLE』という雑誌だ。発行人であるタイラー・ブリュレは、ジャーナリストとしての経験をもち、過去に『Wallpaper*』という雑誌を立ちあげて成功している起業家でもある。『MONOCLE』の場合、定期購読をしている間はバックナンバーの記事をすべてウェブサイトで検索・閲覧できる。定期購読者は雑誌のスポンサーであり、支持者である。受け身の立場で雑誌を消費するのではなく、長く続いてほしい雑誌には積極的にコミットして、定期購読をしていくというつきあいかたが広まれば、日本でも雑誌のありかたは大きく変わるかもしれない。

MONOCLEのウェブサイト
www.monocle.com

ユリイカ

批評するゆえに我あり。『ユリイカ』長寿の秘訣

『ユリイカ』という奇妙な題名は、ギリシア語で「われ発見せり」という意味である。この雑誌の位置づけを一般の人に説明するのは難しい。副題には「詩と批評」とあるが、ささやかな読者投稿のコーナーがある程度で、いまや「詩の専門誌」というわけではないし、「批評」の雑誌かといえば、そのとおりなのだが、こんどは「批評とはなにか」という大問題につきあたる。

じつのところ、日本における「批評」とは、〝『ユリイカ』に載るような文章〟のことである。『ユリイカ』には、学術論文とも文芸的なエッセイともつかない、自由なスタイルの散文がしばしば掲載される。日本で「批評」というジャンルの文章が増殖したのは、『ユリイカ』が存在したせいかもしれない、とさえ思えるほど、この雑誌と批評史の関係は深い。

現在の『ユリイカ』は1969年に詩人の清水康雄氏が創刊したもので、それ以前に伊達得夫氏が創業した**書肆ユリイカ**から同名の詩の雑誌がでていたことが知られている。こちらは56年に創刊されたが、61年に伊達氏が急逝し終刊した。清水氏は第二次『ユリイカ』の創刊号（69年7月号）に、ちいさく「復刊第1号」という言葉を添え、伊達氏の遺志を継ごうとする並々ならぬ決意を示した。

72年に編集長となった三浦雅士氏の時代以降、『ユリイカ』は「批評の雑誌」へと大きく姿を変えていく。三浦氏は自身も批評家として活躍しているが、批評や現代思想にまつわる文章を商品として定着させた、すぐれた編集者としての功績が大きい。三浦氏はのちに同じ青土社の『現代思想』編集長となり、ポストモダニズム思想の紹介につとめ

書肆（しょし）ユリイカ　詩人の伊達得夫が1948年に創立した出版社。最初に刊行したのは入水自殺した一高生、原口統三の遺稿集『二十歳のエチュード』で、この社名は稲垣足穂に教えられたE.A.ポーの『ユリイカ』からとられたという。1956～1961年にかけて刊行された雑誌『ユリイカ』や書肆ユリイカの刊行した書籍については、田中栞『書肆ユリイカの本』（青土社）に詳しい。

『ユリイカ』

1969年創刊（青土社）
公称発行部数　10,000部
定価1,300円（2011年現在）

た。『現代思想』の創刊編集長だった**中野幹隆**氏は75年に朝日出版社から『エピステーメー』を創刊し、『ユリイカ』の編集長を継いだ小野好恵氏も78年に冬樹社から『カイエ』を創刊するなど、70年代後半には思想誌・批評誌が乱立した。しかし『カイエ』も『エピステーメー』も長続きせず、『ユリイカ』だけが生き残った。それはなぜだろう。

70年代から2010年までのバックナンバーをみると、毎号一つの特集テーマを立てるという編集手法は変わらないものの、とりあげる内容は、時代ごとに大きく変化している。詩から戯曲、小説にいたる文学、さらに美術、音楽といった大文字の「芸術」が『ユリイカ』の本来の守備範囲だが、時代が下るにつれジャズやロック、SF、マンガやアニメーションなど、いわゆるサブカルチャーが論じられるようになっていく。

ただし、新しい分野をとりあげた次の号ではオーソドックスなテーマに戻るなど、新旧のテーマをバランスよく配置している。このバランス感覚によって、この雑誌が長い年月を生き抜いてきたことがわかる。批評の書き手は世代交代が激しく、威勢のいい書き手が現れたと思えば、次の時代には消えていく。その傍らで、ベテランの詩人が時代を超えて書き続けていたりするのが『ユリイカ』らしさなのだ。

2010年の特集テーマは、1月号の漢文学者「白川静」ではじまり、12月号の『鋼の錬金術師』の作者「荒川弘」で終わった。「電子書籍を読む！」や「猫」など一ひねりした号もあったが、現編集長の山本充氏になってから、同時代の新しい文化を大胆にとりあげる傾向が強まっている。この雑誌にとってなにより大事なのは、『ユリイカ』に文章を載せたいと思う批評家予備軍の存在である。同時代の新しい文化をいち早くテーマにとりあげるのは、現在は批評の書き手がその領域に集中しているからだ。

中野幹隆（なかの・みきたか）　1943～2007年。『日本読書新聞』や『パイデイア』の編集者を経て、1970年代に青土社で『現代思想』を、朝日出版社で『エピステーメー』を創刊。1980年代には週刊で発行されるペーパーバック版のシリーズ本、『週刊本』を立ちあげた。1986年には哲学書房という出版社を創立し、『季刊哲学』を創刊。多くの批評家や編集者に影響を与えた。

『現代思想』

青土社

1973年創刊。似たようなデザインなので『ユリイカ』と区別しにくいが、内容的には「思想誌」であるこちらのほうが政治色が強く、文芸色の濃い「批評誌」である『ユリイカ』とは編集方針において好対照をなす。(定価1,300円)

ユリイカ

いまでは詩を書く人は少なくなったが、批評の書き手の裾野はむしろ広がっている。しかし、どんな批評にも、その底には一片の詩的な感覚が必要だろう。『ユリイカ』が次の時代にも生き残れるかどうかは、創刊時の清水氏らが込めた「詩」への思いを受け継げるかどうかにかかっている気がしてならない。

POSTSCRIPT

２０１１年に『ユリイカ』は臨時増刊号を3号だした。テーマは「村上春樹」「涼宮ハルヒのユリイカ!」「魔法少女まどか☆マギカ」。ライトノベルやアニメーションは『ユリイカ』がとりあげる題材として定番になった感がある。村上春樹を特集した臨時増刊号は１９８９年の『村上春樹の世界』、２０００年の『村上春樹を読む』についで三度目で、11年に一度の割合で組まれている。この調子で行くと、次は２０２２年。そのときまで作家も雑誌も長生きしてほしい。

COLUMN

原稿料いまむかし

　これまで編集者としていろんな雑誌をつくってきたが、いまはおもにフリーランスの物書きとして、原稿料をいただく立場でかかわっている。フリーのライターにとって雑誌の原稿料は命綱だが、これに関してはなかなか正直に書きにくい。というのも、出版社や雑誌により、あるいは書き手により大きく相場が異なるからだ。ピンからキリまでという原稿料の違いから、雑誌がいかに多種多様なメディアであるかがわかる。私が経験したなかで一番原稿料が高かった雑誌は、90年代前半に連載をもっていた、いまは亡き某総合雑誌。すでにバブル経済の崩壊後だったが、400字1枚が2万円だった。他の執筆者は名だたる方が多かったから、総合雑誌の「格」として高めに設定されていたのかもしれないし、バブル時代はどこもそのくらい気前よく払っていたのかもしれない。

　ではいまはどうか。短い書評の原稿であれば、400字あたり1万円を超えることもあるが、平均的には3000~5000円ぐらいだろうか。最低でも月に100枚は書かないと、筆1本では食べていけない。ライターという仕事に憧れている人には残酷な現実だが、作業時間で時給換算すると、たいして儲からないか赤字である。単行本の印税の場合、定価×発行部数の1割という業界慣行があるが、原稿料に関してはそうした分かりやすい方程式はなく、交渉の余地も少ない。とくに広告の入っていない雑誌や、発行部数の少ない雑誌の場合、原稿料を労働の対価だと考えてはいけない。世間で「いい雑誌」といわれる雑誌ほど、原稿料が安かったりするのだが、だからといって、書くときに手を抜いたりはしない。それがライターの最低限の意地なのだ。

群像と

電子書籍化&国際化で文芸誌戦線に異状あり?

単行本になる前に文芸作品を雑誌で読もうとする人は少ない。ましてや長編作品を雑誌連載で毎号フォローしている人は、きわめて稀だろう。しかし日本には、じつは大量の文芸専門誌が存在する。1904年創刊と、すでに100年余の歴史を誇る『新潮』を筆頭に、『文學界』、『群像』、『すばる』と月刊誌が4誌あり、このほか『文藝』が現在は季刊で発行されている。以上5誌をふつう「文芸誌」と呼ぶ。

かつては、これらに加えて『海』『海燕』『文藝』も月刊だった。月刊の文芸誌が7誌から4誌へと激減した事実が、「純文学」というジャンルの苦境をなにより物語っている。

文学の世界の門外漢にはわかりにくいことだが、「文芸誌」のほかに「小説誌」と呼ばれる一連の雑誌もあって、新潮社は『小説新潮』、文藝春秋は『オール讀物』、講談社は『小説現代』、集英社は『小説すばる』を、といった具合に「文芸誌」と「小説誌」はくっきりと色わけされている。この区分は芥川賞と直木賞にそれぞれ象徴される、「純文学」「大衆文学」というジャンルの違いを示すものだ。

最近では、別のタイプの小説誌も増えている。『yom yom』に象徴される、ゆったりとした文字組みで、掲載作品数をあえて減らした雑誌だ。こうした「文字組みゆったり系」小説誌を読み慣れた人にとっては、旧来の文芸誌の誌面は窮屈で堅苦しく思えるかもしれない。

しかし文芸誌の側も、ただ手をこまねいているわけではない。村上龍や村上春樹など人気作家を輩出し、戦後の文学をリードしてきた雑誌『群像』

「小説誌」　芸術である「文芸作品」(=純文学)を載せる雑誌が「文芸誌」と呼ばれるのに対し、ミステリや時代小説など娯楽的な小説、いまでいうエンタテインメント小説(かつては中間小説とも呼ばれた)が掲載される雑誌は、なぜか「小説誌」と呼ばれる。文芸出版社のなかでも両者は編集部が明確に異なるが、作家の側では、どちらのジャンルの雑誌にも小説を発表する人がいる。ジャンルの壁をつくっているのは作家の側ではなく、出版社の「会社の事情」なのかもしれない。

『群像』

1946年創刊（講談社）
印刷証明付発行部数　7,000部
（2011年4～6月）
定価950円（2011年現在）

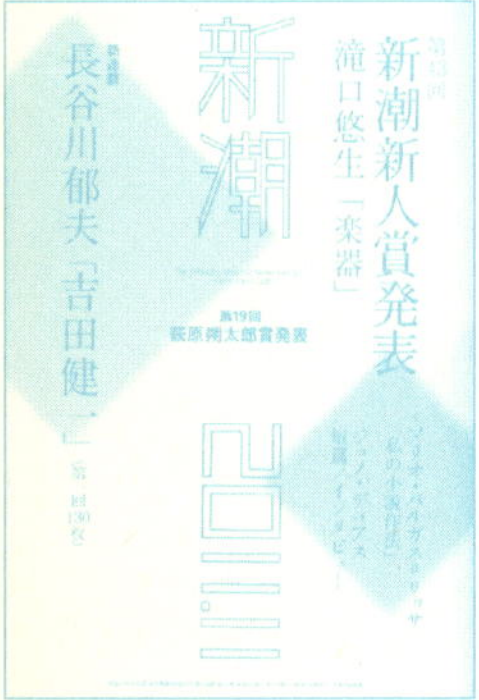

『新潮』

1904年創刊（新潮社）
印刷証明付発行部数　10,867部
（2011年4～6月）
定価950円（2011年現在）

が、iPhone/iPad用の電子書籍化を決定し、充実した内容のプレ創刊号を無償配布して話題になった。イギリスの文芸誌『GRANTA』とも提携し、両国の小説作品を相互に翻訳して、紙の誌面とウェブで掲載するプロジェクトも行われた。日本側からは桐野夏生の作品が紹介されている。

このほか『早稲田文学』も『WB』と改題したフリーペーパーのみが刊行されていた時期がある。現在は本誌と同時に無料のフリペ版が配布されており、その内容はすべてPDFとしてウェブでも読める。もっとも伝統ある『新潮』も、小説家による自作朗読を収めたCD-ROMを付録に付けたり、記事の一部をウェブで無償公開するなど、文芸誌では小説誌以上にラジカルな試みがさまざまになされている。

文芸誌はよく、「ゲラを束ねただけのもの」などと揶揄される。定評ある作家の長編作品がまるごと掲載されることも多いが、だからといってその号が飛び抜けて売れる、ということはない。芥川賞受賞作が掲載される号の『文藝春秋』はときおりバカ売れするが、『文藝春秋』は総合誌であって文芸誌ではない。風俗現象として売れているのだ。

ザラ紙に文字が刷られているだけという野暮ったいルック・アンド・フィールが、文芸誌を一般の読者から遠ざけている面もあるだろう。インターネットやiPhoneアプリの世界に文学が発表の場を広げていくことは、新しい読者との出会いを可能にするかもしれない。楽観は禁物だが、文芸誌の世界も少しずつ変わりつつある。

群像

POSTSCRIPT

『群像』の『GRANTA』との共同企画は結局、『群像』2010年8月号にチママンダ・ンゴズィ・アディーチェの「シーリング」と桐野夏生の小説「山羊の目は空を青く映すか」が載り、後者が「In Goats Eyes is the Sky Blue?」として『GRANTA』のウェブサイトに掲載された後、10月号にクレア・ワトキンズの「無駄のきわみ」が掲載されただけで、日本人作家の翻訳は続かず、大きな動きにはならなかった（このほか2011年2月号に「文学が世界を広げる」と題して『GRANTA』のジョン・フリーマン編集長のインタビューが載った）。柴田元幸氏が責任編集となった文芸誌『monkey business』も英語版を2011年5月に刊行したが、日本版のほうが同年10月に休刊となってしまった。文芸出版社の枠を超えて日本の現代小説を海外に広めていくための戦略的媒体が必要な気がする。

LINKS ☞

『早稲田文学』

早稲田文学会

1891年に坪内逍遥が創刊した『早稲田文学』がルーツだが、休刊・再創刊を繰り返しており、現在の第十次『早稲田文学』（WB）は2007年に創刊。フリーペーパー版の『WB』も配布されている。（不定期刊、定価も号によって異なる）

『ファウスト』

講談社

2003年創刊。イラストレーションと活字の相乗効果による新しい表現を追求した「闘うイラストーリー・ノベルスマガジン」。2011年9月に出た8号で、次号での「解散」が予告されている。（不定期刊、定価も号によって異なる）

『GRANTA』

Granta Books

1889年創刊（ただし現在の通巻は1979年に再創刊されたときからのもの）のイギリスの老舗文芸誌。小説（フィクション）だけでなく、ノンフィクション作品も掲載する。発行部数は約5万部。

COLUMN

書店でないとできないこと

ネット書店や電子雑誌とは違う、リアルな書店でないとできないことはなにか。いろいろ思い浮かぶが、その第一は「立ち読み」だろう。一部の電子雑誌や電子書籍では、最初の数ページを無料で読めるようにしてあるが、無料分を読み終えたら、たちまち「続きはお支払いが済んでから」と支払いをせっつかれる。その点、書店での立ち読みは、量も時間も無制限、しかも大型店には椅子まで用意されていて「座り読み」もできる。第二に、「情報の一覧性」。電子書籍や電子雑誌にも仮想的な「書店」や「書棚」があるけれど、いまのところ、それらは現実の書店空間のもつ一覧性にはかなわない。検索は特定の本や雑誌を探すには便利だが、大雑把な関心に対して複数の選択肢を示すのは苦手である。第三に、書店ならば「待ち合わせ」ができる。片岡義男の『POPEYE』での連載コラムをまとめた『ブックストアで待ちあわせ』という素敵な本があるが、書店でならば人と待ち合わせることも、その人と同じ本や雑誌をみて話したり、ほしい本を探してまわることもできる。書店で生まれたり、育まれた恋はこれまで無数にあるだろう。ネット書店はたしかに便利だけど、そこから恋は絶対に生まれない。

片岡義男
『ブックストアで待ちあわせ』
（新潮社）

考える人

書籍編集者がつくる日本的クオリティマガジン

作家の村上春樹に対するロングインタビューが掲載された雑誌『考える人』（2010年夏号）が話題になった。箱根のホテルで三日をかけて行われたこのインタビューで村上春樹は、大ベストセラーとなった『1Q84』にまつわる話をはじめ、デビュー前後から現在にいたる作家生活の広範なエピソードを、驚くほど率直に語っている。

原稿用紙にして350枚分、延べ89ページにわたるこのインタビューを実現したのは同誌創刊編集長の松家仁之氏。海外文学シリーズ「新潮クレストブックス」を立ちあげ、『芸術新潮』の編集長も兼任するなど、文学や芸術に造詣の深い編集者である。ちなみに松家氏はこの号を最後に新潮社を退職した。2002年の創刊から8年間にわたり編集長をつとめた雑誌での最後の大仕事が、このロングインタビューだったようだが、天晴れな引き際だと思う。

創刊当初から『考える人』という雑誌には注目していた。この雑誌が、本格的かつ「日本的」なクオリティマガジンになりうるのではないか、との期待からだ。

同誌は2002年に創設された「**小林秀雄賞**」の発表媒体でもあり、養老孟司、橋本治、内田樹といった同賞の選考委員や受賞者もしばしば寄稿している。文学者や評論家だけでなく、自然科学や社会科学の研究者もふくめたオールラウンドな知性を集めようとする編集方針は、最初から顕著だった。

現在の発行部数は公表されていないが、メールマガジンでの松家氏の報告によると、創刊号は2万7860部を発行（のちに6000部を増刷）。07年のメルマガでは「2万1500部」と記載されており、いまも通常号は2万部前後だと思われる。ただし、村上

小林秀雄賞　2002年から財団法人新潮文芸振興会が主催している学術賞。新潮学芸賞と呼ばれていたが、ノンフィクション作品を対象とする新潮ドキュメント賞が新設されたため現在の名称になった。これまでの受賞者をみると、すでに評価の定まった書き手に対して与えられる名誉賞としての性格が強く、批評の神様の名を冠したわりに、全体として刺激に乏しい賞となっているのが残念。

『考える人』

2002年創刊（新潮社）
公称発行部数　30,000部
定価1,400円（2011年現在）

春樹インタビューの号は例外的にかなり売れたはずである。

『考える人』の特徴は、誌面の広告がユニクロ一社だけでまかなわれていることにも表れている。この方式も松家氏が創刊にあたって考案し、ユニクロに直接提案して合意を得たという。誌面の冒頭と末尾に「BACKSTAGE REPORT」と題された記事広告が毎号入るが、その編集作業も新潮社側で行うらしい。

一社限定のスポンサーというやり方には批判もあるかもしれないが、広告がゴチャゴチャと入って落ち着かない雑誌にならないよう、クオリティマガジンを発行する際の方法論として、一定の合理性があることは確かだ。

「plain living & high thinking」という雑誌のコンセプトは、特集などの企画面だけでなく、起用する写真やイラスト、レイアウトにいたる隅々まで染み渡っており、誌面の清楚な佇まいからは一貫したエディターシップが感じられる。B5判でほとんどが4色と2色ページという体裁は、読み物中心の雑誌としては実に贅沢で、心ある編集者なら誰でも、こんな恵まれた条件で一度は思うままに雑誌をつくってみたいと思うだろう。

単行本として刊行することを前提に連載されている記事が大半だが、ふんだんな図版入りでレイアウトされた雑誌掲載時のほうが、単行本で読むよりも魅力的に見える記事もあったりする。ザラ紙刷りの伝統的な文芸誌には手を出さない人にも、こういうパッケージでなら届く言葉があるはずだ。

気になる編集体制だが、とくにこの雑誌のためだけの編集部は存在せず、数人の書籍編集者が単行本をつくるかたわら『考える人』も編集しているという。全体的にカチッとした印象なのも、「書籍編集者がつくる雑誌」だからかもしれない。

考える人

2010年秋号から新たに編集長をつとめるのは、中央公論新社から移った河野通和氏。彼が手がける最初の特集は『ドリトル先生のイギリス』だ。「文芸作品にユニクロの広告が付くなんてけしからん」という人もいるかもしれないが、個人的にはもっともっと小説を載せてほしいと思う。新編集長のもとで今後はどんな方向に変化していくのか、第二期を迎える『考える人』の行方を期待とともに見守りたい。

POSTSCRIPT

新しい編集長のもとでの『考える人』も落ち着いてきた。基本的な編集方針は大きく変わることなく、ふんだんにビジュアル表現を使いながらも、文芸と学芸とノンフィクションのいずれが載っても違和感のない、言葉の表現を柔らかく包み込む落ち着きのある誌面が続いている。個人的には、出版史にかかわる二つの連載が楽しみである。一つは佐藤卓己氏による「天下無敵〜戦後ジャーナリズム史が消した奇才・野依秀市」、もう一つは津野海太郎氏による「花森安治伝」。このほか松山巖氏による「須賀敦子の方へ」もはじまり、評伝が充実している。これらの単行本化が待ち遠しい。

LINKS ☞

『kotoba』

集英社

2010年創刊。「考える人」に似たイメージの雑誌だが、こちらにはフィクション作品は載らず文芸色はきわめて薄い。開高健ノンフィクション賞の発表媒体を兼ねており、「多様性を考える言論誌」がキャッチフレーズ。（定価1,400円）

『東京人』

都市出版

1986年創刊。『THE NEWYORKER』のような都会派総合誌をめざし、バブル経済の頃には刺激的な誌面だったこともあるが、このところはすっかり懐古趣味が目立つ。建築に関する特集だけは底力を発揮するので要注目。（定価900円）

COLUMN

「巻」と「号」

多くの雑誌には、「○年○月号」という表示のほかに、「第○巻○号、通巻○号」という表示がある。「巻(Volume)」は定期刊行物である雑誌を1年分まとめて長い巻物として考える発想で、それを切り分けたときの1冊を「号（Issue）」と呼ぶ。つまり「第○巻○号、通巻○号」の最初の「第○巻」が創刊からの年数、その後の「○号」が各年度に出た冊数、そして最後の「通巻○号」が創刊号からの累計数を意味する。つまり雑誌は1年分揃ってはじめて「1巻」になるというわけだ。商業誌では「○年○月号」のほうが一般的だが、引用されることの多い学術誌などは「第○巻○号」と呼ぶことが多い。そもそも「○年○月号」という商業誌の表記は、現実の発売月や発売年とは異なる場合がほとんどなので、実際にいつ刊行されたのかがわかりにくい。ちなみにマガジンハウスの雑誌は、裏表紙のデザインで通巻号数を強調していて、そこがアイデンティティにもなっている。

友の会とイベントで思想を活性化

人文書をはじめとする「堅い本」が売れないとか、思想や批評の力が衰えている云々といった愚痴めいた言葉が、この十数年繰り返されてきた。実際、21世紀に入ってから『批評空間』『大航海』『Inter Communication』『10+1』といった思想や批評の雑誌が姿を消している。しかしその一方で「ゼロ年代」と呼ばれた2000年代最初の10年は、批評家やライターによる新しい思想誌・批評誌の創刊が相次いだ時代でもあった。

なかでも一貫してこの流れの中心にいたのが東浩紀氏である。

20代前半の若さで**『批評空間』**誌上で批評家としてデビューした東氏は、早い段階でインターネットや同人誌に主な活動の場を移した。自主出版・流通プロジェクト「波状言論」をはじめた当時の公式サイトには、次のようなステートメントが残っている。

「東浩紀は、2000年に公式サイト「hirokiazuma.com」を開設し、一般書籍流通から離れたオルタナティブな批評活動を始めました。03年にコミック・マーケットへの出店を始め、04年にメールマガジン「波状言論」を配信、活動を拡大しました」

このほか2002年には評論家の大塚英志氏と雑誌『新現実』創刊号を共同編集（2号以後は離脱）、08年から10年にかけては単行本形式のアンソロジー『思想地図』を社会学者の北田暁大氏と5号にわたり共同編集するなど、言論活動の足場となる「雑誌」的メディアを模索し続けてきた。最近では小説家としても活躍し（『クォンタム・ファミリーズ』で三島由紀夫賞を受賞）、ツイッターなどでも積極的に発言を続けている。

『批評空間』　柄谷行人氏と浅田彰氏を中心に数次にわたり発行された思想・批評誌。1991年に創刊された第一期『批評空間』（福武書店）、94年に創刊した第二期『批評空間』（太田出版）を経て、2001年に批評空間社を立ち上げ、第三期『批評空間』を創刊したが、同社の中心的役割を担っていた内藤裕治氏が急逝したため解散し、雑誌も休刊となった。

『思想地図β』

2010年創刊（コンテクチュアズ）
公称発行部数　27,000部
定価は号によって異なる（2011年現在）

２０１１年、東氏はみずから設立した合同会社コンテクチュアズから『思想地図β』というあらたな雑誌を創刊した。「創刊の辞」で東氏は〈ぼくは本誌を、いままで思想や批評に、そして言論一般に関心を抱かなかった人々にこそ、手にとってほしいと願っている〉と書いている。

判型こそこれまでの思想誌・批評誌と同じオーソドックスなＡ５判だが、洗練されたロゴやエディトリアルデザイン、イラストや写真をふんだんに利用したカラーページ、巻末につけられた英文によるアブストラクトなどのおかげで、新時代にふさわしいルック＆フィールになっている。特集テーマの「ショッピング／パターン」も、時宜にかなったものだった。

コンテクチュアズの公式サイトの発表によると、創刊号の刷り部数はこのコラムの連載時点で2万部。これはかつて思想家の鶴見俊輔氏らが発行していた『思想の科学』がもっとも売れた天皇制特集号（１９６１年）の１万６０００部という部数をすでに超えている。もし「思想や批評の力が衰えている」のが本当ならば、この部数は説明がつかない。

また『思想地図β』には、「友の会」という有料会員の仕組みがあり、こちらの加入者もすでに１４００人を数えている。年会費を払って会員になると、本誌にくわえて会報誌『しそちず！』や、各種読者イベントへの参加ができるのだ。会員はたんなる定期購読者ではなく、コンテクチュアズというプロジェクトに対するファンクラブ会員であり、その出版活動を支える一種のパトロンとして位置付けられている。

読者コミュニティとしての「友の会」制度の歴史は古く、１００万

LINKS ☞ 思想地図β

部を超える国民的雑誌だった１９５０年代の『平凡』では、読者組織「平凡友の会」の会員が10万人を超えていたという。絶対数では比較にならないが、実売部数に対する割合でいうと、『思想地図β』は健闘している。ネット上のソーシャル・メディアが力をもちつつあるいま、こうした新しいかたちの「友の会」は、紙の雑誌を安定的に刊行するための仕組みとして大きな可能性をもつ。ネットとリアル双方にまたがる読者コミュニティのハブとしての「雑誌」は、今後も機能し続けるはずだ。

POSTSCRIPT

東日本大震災の発生を受けて多くの雑誌が特集記事を組んだが、そのなかでもっともアクチュアルに動いたのは『思想地図β』だったと思う。「震災以後」と題された特集は予定されていた企画をさしかえたもので、本体価格の3分の1にあたる６３５円が義援金として被災地に寄付される（すでに発行部数は2万７０００部を超えたとのこと）。紙の雑誌を刊行するだけでなく、コンテクチュアズのウェブサイトでは、「３・11の大災害が言論にどんな影響を与えたのか？」を可視化する「災害言論アーカイブス」を制作しており、このほかに英語版の言論サイト「genron」もプレ公開されている。「思想地図β」がウェブと紙のメディアを組み合わせた新しい「運動」のかたちをみせてくれることを期待する。

『atプラス』

太田出版

2009年創刊。オルター・トレード・ジャパン（ATJ）と太田出版の共同事業として2005年に創刊された『季刊at』を引き継ぐ雑誌。『思想と活動』と銘打ち、理論だけでなく介護やフェアトレードなどの社会運動に注目する。（1,365円）

『PLANETS』

第二次惑星開発委員会

2005年創刊。批評家の宇野常寛氏が編集発行人をつとめるインディマガジン。思想誌というよりはカルチャー誌寄りだが、雑誌の刊行が「文化的な運動」として有効であることを証明した成功例。（不定期刊、定価は号によって異なる）

3

「なんとなく、メジャー」なジャーナリズム雑誌たち

総合月刊誌や総合週刊誌は、かつては雑誌ジャーナリズムの花形だった。最近はあまり元気がないようだけど、数10万部という巨大部数をいまだに誇る雑誌もある。数のうえではそこそこメジャーなのに、印象が薄くなってしまったこれらの老舗雑誌は、いったいどうしたら甦るのだろう。そして新しいジャーナリズムの可能性はどこに？

文藝春秋

ゆるやかに世代交代が起きている
雑誌界の〝幕の内弁当〟

「論壇誌」「オピニオン誌」などと呼ばれるA５判の雑誌が次々と休刊していくなかで、いまも安定した部数を維持しているのが『文藝春秋』だ。日本雑誌協会のサイトで公表されている同誌の印刷証明付き発行部数は約60万部（２０１１年４～６月）。同ジャンルのほかの雑誌を圧倒し、一人勝ち状態が続いている。

『文藝春秋』は、「総合雑誌」とも呼ばれる。文芸から政治や社会問題まで、長い論文からコラムまで、硬軟おりまぜた「高級幕の内弁当」のような雑誌だからだ。

『文藝春秋』は、１９２３年（大正12年）に作家の**菊池寛**が創刊した、薄っぺらい文壇ゴシップ雑誌としてスタートした。「私は頼まれて物を云うことに飽いた。自分で、考えていることを、読者や編集者に気兼ねなしに、自由な心持で云って見たい」という彼の「創刊の辞」はあまりにも有名だ。天下国家を論じる生真面目な言葉より「自由な心持」から発せられる人間くさい言葉を重んじる姿勢は、戦後に菊池寛の手を離れ、現在の会社のもとで再創刊された後も受けつがれている。

受けつがれているといえば、１９３５年に創設された芥川賞・直木賞も同様だ。

両賞は雑誌や本の売れない2月・8月の話題づくりのために創設されたともいわれ、芥川賞の受賞作品と選評が載る3月号（2月発売）と9月号（8月発売）は、通常号より部数を伸ばすことが多い。２００９年の第１４２回（平成21年度下半期）芥川賞は、約10年ぶりに受賞作なしという残念な結果だったが、候補作だった舞城王太郎の『ビッチマグネット』が２０１０年3月号に一挙掲載されている。『文藝春秋』は、論壇誌やオピニオン雑誌のなかでも部数が飛び抜けて多いが、文芸誌と比べると実売部数では百倍近い。

菊池寛（きくち・かん）　1888～1948年。大正から昭和にかけて小説家・劇作家として活躍する同時に、私財を投じて『文藝春秋』を創刊し、雑誌ジャーナリストとしても優れた仕事を残した。雑誌ジャーナリズムの一つの方法論として「座談会」を考案し、日本文藝家協会や芥川龍之介賞・直木三十五賞も創設するなど、現在まで続く文壇のしくみをつくり上げたことでも知られる。

『文藝春秋』

1923年創刊（文藝春秋）
印刷証明付発行部数　588,000部（2011年4～6月、雑協調べ）
販売部数　381,026部（2010年7～12月、日本ABC協会調べ）
定価は号によって異なる（2011年現在）

おかげで舞城氏のような異端作家の作品が60万部も刷られることになった。

芥川賞発表号の読みどころのひとつは、選考委員のときに辛辣な選評である。受賞作なしという結果だった2009年の第142回の場合、なおさら気になったが、選考委員（池澤夏樹、石原慎太郎、小川洋子、川上弘美、黒井千次、高樹のぶ子、宮本輝、村上龍、山田詠美の9氏）の選評を読む限り、たしかに舞城作品が比較的、高い評価を集めている。とはいえ、「だらだら長いだけで、小説として本質何をいいたいのかわからない」「終盤の普通活字の四倍の大きさで書きこまれたカタカナの無意味さは作者の言葉の未熟さを露呈させているだけだ」（ともに石原）、「それぞれの人間がよく書けているが、書かれてあるもの以上の何かが行間から湧き出てこない」（宮本）といった否定的な評価もあり、むしろこの感覚のほうが『文藝春秋』という雑誌のもつ、保守性に相応しい。そうした評があるなかでの舞城作品の一挙掲載は英断だったと思う。

意外なこの出来事に刺激され、他のページも読んでみると、いろいろと発見がある。たとえば2003年に十代で芥川賞を受賞して話題を呼んだ作家の綿矢りさが、太宰治の魅力を語る座談会に登場し、父から『斜陽』の初版をもらったという室井滋に対して「お父さまが買わはったんですか？」と、ふだんみせない関西弁で受け答えしている場面があったり、伝統ある巻頭エッセイに、ライトノベル出身の直木賞作家・桜庭一樹が文章を寄せていたりする。また「新聞エンマ帖」という無記名コラムでは、グーグルやツイッターといったネットの話題もさりげなく織り込まれている。ただしメイン企画はあくまでも「小沢一郎批判」であり、ノンフィクション作家の立花隆や政治家の渡辺喜美といった花形役者の起用も忘れない。

『中央公論』

中央公論新社

1887年創刊の『反省会雑誌』を祖とし、大正時代には一世を風靡した。伝統ある総合雑誌として『文藝春秋』のライバルとなるべきだが、部数では遥かに水を開けられており、たびたびリニューアルを繰り返している。(定価900円)

『SIGHT』

ロッキング・オン

1999年創刊。当初は大判のビジュアル雑誌だったが2006年にA5判にリニューアル。「リベラルに世界を読む」というキャッチフレーズのもと、ロック世代の感性による「総合誌」として独自の論陣を張っている。(定価780円)

『サイゾー』

インフォバーン

1999年創刊。元『ワイアード日本版』の編集長だった小林弘人氏が設立したインフォバーン社より創刊された。タブーなきジャーナリズムをめざし、休刊した『噂の真相』の空白を埋める存在に。(定価980円)

文藝春秋

創刊から80年以上経つ『文藝春秋』は、「変化しない」ことで中高年読者に絶大な安定感を与えてきた。しかし、おそらくここにもゆるやかな世代交代の波が起きている。つねに変わらないようにみえる「幕の内弁当」も、気づかないところで少しずつ変化しているのかもしれない。

POSTSCRIPT

ふだんは年2回の芥川賞の選評を読むためにしか買わないのだが、受賞作の有無やその内容にかかわらず、選考委員の選評には既視感がつきまとう。芥川賞の選評だけに限らない。『文藝春秋』に載る記事は、どんなに新しい題材であっても、どこかマニエリスムの匂いがする。それこそが老舗雑誌ならではの安定感なのだろうが、どんなに食材を入れ替えても、幕の内弁当は幕の内弁当、そればかり食べていると飽きがくる。もっと切れ味のいい、あるいはこってりと脂っこい、別のタイプのジャーナリズムの雑誌が読みたくなる。でも気がつけば、そういう雑誌はもうどこにも存在しなくなっていた。新たなる菊池寛よ、いでよ!

COLUMN

「老舗雑誌」はなぜ長命か

明治時代生まれの『中央公論』や大正生まれの『文藝春秋』といった老舗雑誌が健在なのに比べ、80年代以後に創刊された雑誌や、平成生まれの雑誌に休刊が相次いでいる。天下の岩波書店でさえ、『思想』（1921年創刊）や『世界』（1945年創刊）は現存するが、『へるめす』（1984年創刊）は97年に休刊、『図書』（1938年創刊）が現存するのに、『よむ』（1991年創刊）は94年で休刊。文藝春秋も『マルコポーロ』と『ノーサイド』（ともに1991年創刊）が95年と96年に、『カピタン』（1997年創刊）が98年に休刊し、『TITLe』（2000年創刊）も08年に休刊している。

なぜ、かくも老舗雑誌は強いのか。最初の創刊雑誌、とくに社名とイコールであるような看板雑誌には、その出版社の「創業の理念」が込められている。長い歴史があるだけでなく、雑誌としてのコンセプトが明瞭なのだ。70年代以後にできたベンチャー的な出版社の場合でも、事情はあまり変わらない。『ぴあ』と『月刊アスキー』は退場したが、『rockin' on』や『本の雑誌』はまだ踏ん張っているし、どんなに姿を変えても、宝島社は『宝島』を休刊させないでいる。雑誌系の出版社にとって、創業の雑誌はいわば「本城」であり「本丸」、あとからつくった雑誌は、あくまでも「出城」だ。かといって、本丸に固執しすぎると大局を見失い、時代の流れにとり残される危険性もある。「看板雑誌」の名を捨てて会社が生まれかわるのも難しく、平凡出版が『平凡』ブランドを捨ててマガジンハウスに改名したケースのほかに、成功例はあまりない。

週刊東洋経済

週刊ビジネス誌の仁義なき特集戦争

雑誌業界全体が「冬の時代」を迎えているなかで、書店の店頭で目にみえて元気なのが「週刊ビジネス誌」だ。このジャンルで最大の発行部数を誇るのは、定期購読を基本とする『日経ビジネス』だが、ほかにも『週刊東洋経済』『週刊ダイヤモンド』『週刊エコノミスト』といった週刊誌、さらには隔週刊の『プレジデント』もあり、しのぎを削っている。

このジャンルの雑誌が元気にみえるのは、皮肉なことに「失われた十年」を超えて２０１０年代まで続きそうな長期不況のおかげだ。日本社会の様々な分野で起きている危機を分析し、変化の兆しを伝える役割をこれらの雑誌は期待されているのだ。

ことに『週刊東洋経済』と『週刊ダイヤモンド』は部数的にも好調が伝えられている。この両誌は毎号、特集テーマを大きな文字で表紙に打ちだし、店頭や電車の中吊り広告でも目だっている。

両誌とも、特集記事が充実しているのが特長である。新聞や総合週刊誌、あるいはテレビのニュース番組といったマス媒体と異なり、ターゲットを絞った10万部台のミディアム・メディアであるために、記事でもかなりの深彫りが可能だからだ。マス媒体の報道では食い足りない読者に訴えることで、両誌は雑誌の「冬の時代」にあっては珍しい、ライバル誌同士のポジティブな闘いを繰り広げている。

どちらの雑誌も特集のテーマを企業や業界単位で組むこともあれば、独自のキーワードで世相に切り込む場合もあるが、『週刊ダイヤモンド』はフットワーク良く、新しい話題を機敏にとりあげる傾向が強いのに対し、『週刊東洋経済』の方は、ずっしりとした特集でワンテーマを掘り下げていく印象がある。

石橋湛山（いしばし・たんざん） 1884～1973年。新聞記者から兵役を経て東洋経済新報社に入社し、のちに代表取締役に就任。大正デモクラシーの時代には民主主義を提唱するオピニオンリーダーだった。戦後は政治家として大蔵大臣や通産大臣を経て、自由民主党から内閣総理大臣にも就任したが病気のため短期間で辞職した。

両誌の歴史を振り返ってみよう。『週刊ダイヤモンド』は月刊誌として１９１３年に創刊、『週刊東洋経済』（当時の誌名は『東洋経済新報』）は週刊誌として１８９５年に創刊されており、後者は現存する週刊誌としては日本でもっとも古い。戦前に『東洋経済新報』の主幹（編集長）をつとめた**石橋湛山**は、戦後はリベラル派の政治家として活躍し、ごく短い期間、首相をつとめている。両誌とも外部寄稿者に依存せず、充実した特集企画を週単位でまわせる取材・執筆体制を社内に整えているが、これは戦前から続く経済ジャーナリズムの長い伝統に裏付けられている。

だが、こうした由緒ある歴史をもつとはいえ、現在の両誌は「硬派の経済ジャーナリズム誌」という形容では、おそらく十分ではない。現在の読者層も、いわゆる「経済人」や「ビジネスマン」以外に広がっている。

私がこれらの雑誌に興味をもつようになったきっかけは、ここ数年にかけて相次いで打たれた、メディア関係の特集企画だった。『週刊ダイヤモンド』は、２０１０年に「ツイッター」と「フリー」の特集をヒットさせ、『週刊東洋経済』では２００９年の「アマゾン」特集や、２０１０年の「新聞・テレビ業界」の危機を分析した特集が目を引いた。

連載時点での両誌最新号の特集は、『週刊東洋経済』が「鉄道新世紀」、『週刊ダイヤモンド』が「無縁社会 おひとりさまの行く末」だった。とくに「大特集」と謳った『週刊東洋経済』の

『週刊東洋経済』

1895年創刊（東洋経済新報社）
印刷証明付発行部数 117,959部
（2011年4～6月、雑協調べ）
販売部数 81,159部
（2010年7～12月、日本ABC協会調べ）
定価690円（2011年現在）

『週刊ダイヤモンド』

1913年創刊（ダイヤモンド社）
印刷証明付発行部数 153,092部
（2011年4～6月、雑協調べ）
販売部数 105,960部
（2010年7～12月、日本ABC協会調べ）
定価は号によって異なる

週刊ダイヤモンド

週刊東洋経済

ほうは76ページもあり、全体の3分の1強を占めるという充実ぶりだった。

もっとも、これらの雑誌が象徴するビジネス誌ジャーナリズムに、まったく死角がないわけではない。

インターネット上では最近、ネット系の話題に強いはずの『週刊ダイヤモンド』で予定されていた「電子書籍」の特集企画が、経営陣の判断で没になったという噂が駆け巡った。タブーなき分析の筆を自身の業界自身に対してもふるえるかどうかは、経済ジャーナリズムの真価をはかる試金石であるはず。出版産業自体を対象とする特集企画でも、ぜひ両誌は競いあってほしい。

POSTSCRIPT

『週刊ダイヤモンド』は2010年10月16日号で「電子書籍入門〜読み方・買い方はこう変わる!」という特集を組み、ネット上での噂を払拭した。またダイヤモンド社はDReaderという電子書籍リーダーソフトをエンジニアの高山恭介氏と共同開発し、岩崎夏海『もし高校野球の女子マネージャーがドラッカーの『マネジメント』を読んだら』の電子書籍アプリがスマッシュヒットとなった。『週刊東洋経済』『週刊ダイヤモンド』とも電子雑誌版を発行しており、新しい事業モデルにも積極的だ。電子化によってビジネス誌が新しいビジネスモデルを切り開いていくことにも期待したい。

LINKS ☞

『日経ビジネス』

日経BP社

1969年創刊。定期購読者を中心に約25万部を誇り、兄弟誌『日経アソシエ』やウェブの「日経ビジネスオンライン」と複合的に展開。最近は「オンライン」もかなり記事が充実しており、紙の独自性が問われるところ。(定価650円)

『プレジデント』

プレジデント社

1963年創刊。かつては戦国武将などに仮託してマネジメントが語られ、表紙にもそのイラストが描かれていた。近年はすっかりスマートなデザインになり、経営者以外のビジネスマン向けの記事も増えて好調。(定価690円)

COLUMN

週刊誌は〝習慣誌〟

ダジャレみたいな話だが、本当なのだ。『週刊文春』や『週刊新潮』のように、表紙にその号の内容を示すコピーをいっさい入れない雑誌が成り立つのは、内容のいかんを問わず、発売日になれば習慣的に週刊誌を買うというのがかつては普通だったからだ。毎週放映されるテレビの帯番組を見るのに、その内容をいちいち確認しなくても「チャンネルを合わせ」（もはや死語だが）ていたのと同じである。なんと昭和な風景！　しかし月刊誌がすでにそうなっているように、週刊誌も各号の内容によって買ったり買わなかったりする読者が増えている。こうなると〝習慣〟に頼る週刊誌はとても苦しくなる。

先の『週刊文春』や『週刊新潮』がモデルとした、表紙に文字を入れずイラストだけという方針を墨守するアメリカの老舗雑誌『THE NEW YORKER』は、iPad版を創刊して電子化に積極的にのりだしている。毎号必ず読むという習慣を維持してもらうために、週刊誌の電子雑誌化という選択肢は、きわめて合理的なのである。

『THE NEW YORKER』のiPad版。

週刊新潮　週刊文春

マス・ジャーナリズムの終焉と「総合週刊誌」の運命

総合週刊誌の凋落が止まらない。

その傾向はここ数年にはじまったことではなく、1990年代半ば以後の出版界の長期低落傾向と連動している。つまり個別の雑誌の出来不出来の問題ではなく、総合週刊誌という分野全体が衰退しているのであり、より大きくみれば、町なかの書店の減少とも連動した、出版界全体の活力喪失の現れだともいえる。

そうしたなか、2009年5月に東京の上智大学に週刊誌の編集長たちが集まり、週刊誌のこれからを考えるシンポジウムが行われた。このシンポジウムでは大幅な部数減という逆風のなかで、名誉毀損訴訟の増加や高額賠償金のリスクが高まっているなど、編集の現場から強い危機感が報告された。

出版社も、ただ手をこまねいていたわけではない。『週刊現代』ではネット上で記事の有料販売を行うウェブサイト「週刊現代Online」を開設し、携帯電話向けにも「スクープ!! 週刊現代」というサービスを行っている。『週刊朝日』は「週刊誌の未来を考える週刊朝日 談［DAN］」という「炎上覚悟」の公式ウェブサイトをつくり、編集者や記者がブログを書いたり、「週刊誌に未来はあるのか⁉」というテーマで連続インタビューを行ったりしている。また『週刊朝日』と『サンデー毎日』は、スマートフォンやiPad上で雑誌や新聞のコンテンツが定額で読み放題となる「ビューン」に参加。この他、各誌が「中吊り広告」をネット上で見られるようにするなど、あらたな読者層の開拓に向けて、さまざまな取り組みを行っている。

だが、総合週刊誌という存在そのものが、いまや古めかしいものにみえることはたし

週刊朝日

『週刊文春』
1959年創刊（文藝春秋）
印刷証明付発行部数　727,917部
（2011年4～6月、雑協調べ）
販売部数　482,436部
（2010年7～12月、日本ABC協会調べ）
定価350円（2011年現在）

『週刊新潮』
1956年創刊（新潮社）
印刷証明付発行部数　602,113部
（2011年4～6月、雑協調べ）
販売部数　392,027部
（2010年7～12月、日本ABC協会調べ）
定価は号によって異なる（2011年現在）

『週刊現代』
1959年創刊（講談社）
印刷証明付発行部数　561,678部
（2011年4～6月、雑協調べ）
販売部数　401,049部
（2010年7～12月、日本ABC協会調べ）
特別定価400円（2011年現在）

『週刊ポスト』
1969年創刊（小学館）
印刷証明付発行部数　469,667部
（2011年4～6月、雑協調べ）
販売部数　310,198部
（2010年7～12月、日本ABC協会調べ）
特別定価400円（2011年現在）

『週刊朝日』
1922年創刊（朝日新聞出版）
印刷証明付発行部数　233,334部
（2011年4～6月、雑協調べ）
販売部数　151,042部
（2010年7～12月、日本ABC協会調べ）
定価350円（2011年現在）

かだ。「データマン」と呼ばれる下調べ専門のスタッフが集めた材料を、「アンカーマン」がまとめ、無署名あるいは取材班の名で発表するという手法や、スクープやスキャンダリズムに偏ったコンテンツは、かつては週刊誌特有のゲリラ的な魅力を放っていたのだろうが、いまではよりアナーキーでなんでもアリの、インターネットという世界ができてしまった。

週刊誌が標榜してきた「反権力」という立ち位置や、スクープ、告発といった手法は、ジャーナリズムの担うべき役割のごく一部でしかない。国内政局や犯罪、芸能スキャンダルに内容が偏りがちで、アジェンダ設定能力や時代状況を正確に解説する能力に欠ける総合週刊誌は、人々の価値観やライフスタイルが多様化し、それぞれの分野で専門性の高いニッチな媒体が存在する時代には存在意義を失いつつある。

総合週刊誌はこれまで、テレビや新聞といったマスメディアに対抗するものとして自らを定義してきたが、規模においても内容においても、マスメディアにはなりきれず、か

週刊ポスト　週刊現

週刊新潮 週刊文春

といって専門性もないという、きわめて中途半端な存在になってしまった。折しも2011年はアナログ地上波が停波となった節目の年だが、**テレビと足並みを揃えて成長してきた週刊誌**にとっても正念場の年となるに違いない。

現在発行されている総合週刊誌は、新聞社系の『週刊朝日』『サンデー毎日』、文芸出版系の『週刊新潮』『週刊文春』、マンガ出版社系の『週刊現代』『週刊ポスト』、実話誌系の『週刊大衆』『週刊アサヒ芸能』といった具合に、きれいに一組ずつペアに分けることができる。かろうじて2誌がペアを組み、なんとかお互いを支え合っている印象が強い。

ペアとみなしうる週刊誌同士を見比べると、表紙を飾る女性タレントの写真やイラストの選択から、企画や誌面構成にいたるまで、あまりにもそっくりであることに驚かされる。たとえば、『週刊現代』と『週刊ポスト』の2誌は表紙のタイトルロゴより上に、その号の記事から見出しとなる文字をカラーで派手に打ち出している。また『週刊朝日』『サンデー毎日』はロゴ上に1行だけコピーを入れているが、こちらもスミ1色という慎ましさまで共通している。また両誌は、3月上旬発売の号で大学合格者の高校別ランキングを掲載しているが、これもいまや新聞社系の2誌だけに残る奇妙な習慣である。

『週刊文春』と『週刊新潮』はともに部数を減らしつつも、印刷発行部数で総合週刊誌の上位1、2位を占めている。両誌に共通する特徴は、ロゴとイラストをあしらっただけで、その号の内容を告知しないという渋い表紙デザインをいまも頑なに踏襲していることだ。こうした思い切ったデザインが可能だったのは、一つには、内容にかかわらず毎号必ず買うという読者が多かったからであり、もう一つには、その他の読者も新聞広告や電車の中吊り広告で内容を知ることができたからだ。

だが、いまでは若い世代を中心に新聞の購読者は減っており、電車の中でも人々は中

テレビと足並みを揃えて成長してきた週刊誌…1959年の皇太子ご成婚を伝えるメディアとして、テレビは一気に家庭に普及した。同年に『週刊文春』『週刊現代』『週刊少年マガジン』『週刊少年サンデー』が創刊された。発売を曜日単位で楽しみにするライフスタイルや短いサイクルで情報を使い捨てにしていく感覚において、テレビと週刊誌とは近いものがある。テレビと週刊誌の運命は、深いところでつながっているかもしれない。

吊り広告を見ず、顔を伏せて携帯電話の画面をみつめている。紙からインターネットやスマートフォンへと情報流通の主流が変わりつつあるいま、紙から紙へとリンクをたどるこのやり方では取り逃がす読者が多い。だからこそ、各誌はこぞってネットや携帯、電子書籍への対応に追われているのだ。しかし、こうした対応が、総合週刊誌の衰退に対する根本的な解決策になるとは思えない。

いま総合週刊誌が抱えている最大の問題は、端的にいって読者の高齢化である。かつて週刊誌は、サラリーマンらが仕事の行き帰りに電車のなかで読むメディアというイメージがあった。しかし、いまは仕事の行き帰りに読んでいる人をまったくみかけない。

現在の中心的な読者は、以前から習慣的に買い続けている、世代的には50代以上の常連読者、その多くは現役を退いた「団塊の世代」から上だろう。読者に世代交代が起こらず、かつての読者がそのまま高齢化してしまった結果、誌面のマンネリ化が起こり、１０００回を超える「超」がつくほどの長期連載が続くことになった。

読者層が入れ替わらずこのまま高齢化していくだけなら、総合週刊誌の未来は真っ暗というほかない。なぜなら読者の高齢化は書き手の高齢化を意味し、若い書き手がいっこうに育たないという、もう一つの、そしてより大きな弊害を生むからだ。

往時に比べ衰えたりとはいえ、総合週刊誌はいまだ10万部単位と、相対的に大きな発行部数を維持している。ジャンル全体で見れば３００～４００万部となり、活字系雑誌の最大勢力である。ということは、他の少部数雑誌に比べれば、提供できる誌面も支払える原稿料も潤沢にあるということだ。にもかかわらず、貴重なそれらが特定の世代に向けてのみ振り分けられ、次代の育成につながらないのは問題だ。総合週刊誌の誌面は、いわば現在の高齢化社会・格差社会の縮図といっていい。

LINKS ☜

週刊新潮 週刊文春

誌面のリニューアルは一時的には、既存の読者から反発を買い、短期的には大きな部数減を招きかねない。だが、週刊誌のもつメディアとしての資源を若い世代に振り分けることは、長期的にみれば絶対に必要なことである。なぜならそれは、書いて食べていける、次世代のライターを育てるということだからだ。

総合週刊誌はこれまで培ってきた文化の「型」を守ったまま、自らの足下を掘り崩し、少しずつ衰えていくしかないのだろうか。書き手の若返りこそが、それを防ぐ唯一の方法だと思う。

POSTSCRIPT

週刊誌最大のスターは東海林さだおである。この人のマンガやエッセイを面白いと思えるかどうかが、週刊誌世代であるかどうかの試金石だといっていい。東海林さだおは『週刊文春』で「タンマ君」を、『週刊現代』で「サラリーマン専科」を、それぞれ２０００回以上連載している。１年は52週だから、ゆうに40年を超える長期連載である。ちなみにテレビ界の長寿番組「徹子の部屋」は１９７６年のスタートで、こちらは35年。両誌での連載はそれ以上のロングランということになる。

『週刊プレイボーイ』

集英社

1966年創刊。総合週刊誌のなかでペアとなる雑誌（『平凡パンチ』）を最初に失ったのが『週プレ』だった。部数的には下位グループだが、昨今はAKB48人気で関連号が好調らしい。おかげで女子の読者も増えているとか。（定価は号によって異なる）

『女性セブン』

小学館

1963年創刊。『週刊女性』『女性自身』とともに女性週刊誌の三誌体制の一角をなす。中高年向けセックス特集や韓流タレントの記事が人気だが読者の高齢化は否めず。婦人誌の次に女性誌が消え、「女子誌」だけが残るのかも……。（定価380円）

COLUMN

電子雑誌のゆくえ

2010年春にアップル社がiPadを発売して以来、電子雑誌という夢がさまざまに語られるようになった。スマートフォンやタブレット端末に向けて、アプリというかたちでもリリースされる雑誌が増え、iOSにも「Newsstand」という雑誌を定期購読する人向けのインタフェースが採用された。またAmazonのKindleでも、雑誌や新聞を定期購読したり、単号で購入したりできる。日本では、「Fujisan.co.jp」がPC上で電子書籍を閲覧できるサービスを行なっているのをはじめ、「マガストア」や「ビューン」といった有料で雑誌を購読・閲覧できるアプリも登場。定額で読み放題の「ビューン」は、いきつけの喫茶店に置いてある雑誌を、コーヒー1杯の値段でいくらでも読める感じに近い。これからとり扱い雑誌が増えてくれば、読者としては大助かりである。

とはいえ、日本の電子雑誌の大半は、紙のコンテンツをそのまま液晶画面でみられるようにしただけのもので、電子雑誌ならではの面白さにとぼしい。紙の雑誌の「電子版」以上のものが早く読みたい。

定額でいろんな雑誌が読み放題になる「ビューン」。

AERA

高学歴リベラル女子向け週刊誌『AERA』のブランド戦略

『AERA』は不思議な雑誌である。

「不思議」である理由は、創刊から20年以上たつにもかかわらず、いまだにどのジャンルにも収まらない、良くも悪くも居心地の悪さを感じさせる雑誌だからだ。タイトルは「Asahi Shimbun Extra Report and Analysis」の頭文字からとられているが、この手の語呂合わせを真面目に受け取っても仕方がない。

実質的な競合誌（併読誌）といえそうなのは、まずは『Newsweek日本版』あたりだろう。両誌の印刷発行部数を比較すると『AERA』の16万部弱（２０１０年4〜6月）に対し、『Newsweek日本版』は6万部台にとどまり、ダブルスコアをつけている。ちなみに『AERA』とほぼ同じ部数なのが、ビジネス週刊誌の『週刊ダイヤモンド』だ。判型や紙質が近いこれらの雑誌とは、かなり近いイメージがある。

『AERA』は、『週刊朝日』と同様の「新聞社系週刊誌」とみなすこともできなくはない。実際、日本雑誌協会の分類では、『AERA』は「男性＞総合＞週刊誌＞一般週刊誌」に分類されている。ちなみに『週刊朝日』は最盛期には１５０万部を超えた、日本の週刊誌ジャーナリズムを代表する雑誌だが、２０１１年現在は印刷発行部数で24万部弱まで落ち込んでいる。

ここ十数年、総合週刊誌というジャンル全体が衰退しているが、ことに新聞社系の落ち込みは顕著で、『読売ウイークリー』は２００８年についに休刊した。『サンデー毎日』も部数低迷から抜け出せずにいる。『AERA』が創刊した１９８８年には、新聞社系週刊誌の一角を占めていた『週刊サンケイ』が早くも姿を消し、『週刊SPA!』として生まれ

『AERA』

1988年創刊（朝日新聞出版）
印刷証明付発行部数　152,142部（2011年4～6月、雑協調べ）
販売部数　93,782部（2010年7～12月、日本ABC協会調べ）
定価380円（2011年現在）

変わった。

『AERA』という雑誌の性格を考えるうえで、同い年のこの雑誌の存在は参考になる。1988年に創刊された『AERA』と『週刊SPA!』に共通するのは、一言でいえば「**サブカル**」の匂いだ。

バブル経済の最盛期だった当時、朝日新聞社からは学生運動の時代を象徴する週刊誌『朝日ジャーナル』が存続しており、1社で総合週刊誌を3誌も抱える状態だった。1992年の『朝日ジャーナル』休刊と入れ替わるように、朝日新聞社の定期刊行物のなかで、『AERA』の存在感は徐々に増していく。その後、駄洒落的な「1行コピー」を中吊り広告などで強く打ち出して話題になった頃が、黄金時代だろう。

いまの『AERA』の印象を一言でいうと、「高学歴リベラル女子」向けの総合週刊誌、とでもいったところか。男性読者も一定数はいるのだろうが、視点は完全に女性目線……というのがいいすぎならば、せめて「ユニセックス」とでもいおうか。コラムのページは相変わらずサブカル風味で、「サブ&お軽の道行」などという自虐的（?）な4コママンガも載っている。

これは『週刊朝日』と『AERA』の表紙を比較するとわかりやすい。『週刊朝日』のブランドイメージをつくりあげてきたのは、1996年まで続いた篠山紀信による表紙写真だった。篠山の「激写」が女性に向けられる男性的な視線を象徴していたのに対し、『AERA』の表紙を創刊から撮り続けている坂田栄一郎の写真からはフェミニンなまなざしを感じる。被写体も女性に偏らず、男性タレントやスポーツ選手や作家、学者まで登場するが、これは当然、読者層を意識してのことだろう。定番企画であるロングインタビュー「現代の

サブカル　subcultureは本来、支配的な文化に対する「下位文化」を意味し、特定のジャンルを意味しないが、日本ではアニメやゲームなどのコンテンツ分野が「サブカルチャー」と呼ばれるようになり、さらにオタク的なディープさと対極にある表層的なサブカルチャーが「サブカル」と呼ばれ軽蔑されるという複雑な事態となった。世代論的な問題もあり両者の対立は根深いが、ここでは1980年代的な軽佻浮薄なセンスという程度の意味。

AERA

肖像」も、女性が取材される率がかなり高い。このコーナーの裏テーマは、いわば「働く女性の生き様」だといっていいように思う。

旧態依然としたマッチョな週刊誌はイヤだが、かといって頭の悪そうな女性誌にもウンザリ。消去法で選ぶと、『AERA』ぐらいしか読む雑誌がない、というのが「高学歴リベラル女子」のイメージだが、もちろん同じような「男子」読者もいるだろう。

このところ『AERA』が力を入れているのは、別冊ムックである。これまでにも小林麻央、中田有紀、皆藤愛子、杉崎美香ら人気の女子アナが登場する『ニュースのミューズたち』や、姜尚中の連載コラムをまとめたDVD付きの『姜流』などが出ており、女性読者取り込みへの必死の努力がみてとれる。

『AneCan』の専属モデルである押切もえが各界の著名人をインタビューしてまわった『re★born 30歳で生まれ変わる。』がAERAムックとして発売され、小学館から出た押切の『心の言葉』というメッセージ付きフォトブックと同時発売されたことも話題となった。『AERA』でコラムの連載を長く続けていたとはいえ、発売と同時期の『AERA』の表紙に押切もえ自身が登場し、AERAの公式サイトでは小学館の本にもアマゾンのアフィリエイトリンクが張られている……という念の入れようには、呆れるのを通り越して感心してしまった。

最近の『AERA』では大学にかかわる記事も目立つ。ムックのシリーズでも、明治大学や神戸女学院大学の本が出ているが、これなどはまるで『AERA』が編集プロダクションとして立ち回っているような出版企画だ。これは現在の中心的な読者層が、受験生や大学生をもつ親の年齢にさしかかったことを意味しているに違いない。

押切もえをフィーチャーしたムック『re★born 30歳で生まれ変わる。』は、30代を迎えて生き方の転機を模索する若い世代へのメッセージブックだったが、現実にこの世代の読者はどのくらいいるのか。実際にはまだ手薄な、この世代の読者層になんとかして読まれたいと願い、必死で「生まれ変わり」を模索しているのは、『AERA』という雑誌自身なのかもしれない。

POSTSCRIPT

東日本大震災の直後の2011年3月19日発売号の表紙で、『AERA』は防毒マスクをつけた男性の顔をクローズアップし、「放射能がくる」という大きな見出しをつけた。この表紙に対する批判がネット上で高まり、編集部は「ご不快な思いをされた方には心よりお詫び申し上げます」と謝罪コメントをツイッター上で発した。影響は誌面にも及び、『AERA』でエッセイを連載していた野田秀樹は、抗議の意味で自ら連載の打ち切りを決定するに至った。放射性物質が本当に東京まで達していたんだからいいじゃないか、という擁護の声もあったが、あれだけの大きな災害直後に、「東京中心視点」としかいいようのない記事とキャッチコピーは、やはり問題であろうと思う。ここからわかったのは、『AERA』の読者の多くが首都圏に集中しているということ。無意識の「東京中心視点」はすべての雑誌の病根かもしれない。

LINKS

『Newsweek 日本版』

阪急コミュニケーションズ

1986年創刊。米国の伝統ある雑誌の日本版としてビジネス誌・ニュース誌のなかでは異彩を放つ。文脈が国際的すぎて日本人にはイマイチついていけないこともあるが、東日本大震災時に書かれた特集記事は秀逸だった。（定価450円）

『日経WOMAN』

日経BP社

1988年創刊。バブル最盛期には男女雇用機会均等法世代の御用達との印象だったが、近年はダイエットやセックスの話題が多く普通の女性誌になった感アリ。硬派のビジネスウーマンは一般のビジネス誌を読むのだろうか。（定価600円）

『COURRiER Japon』にみるアグリゲーションメディアの可能性

かつて「雑誌王国」と呼ばれた講談社は、ノンフィクション雑誌の『月刊現代』や、戦前の100万部雑誌の名を冠した『キング』、女性誌の『Style』を2008年に相次いで休刊させた。『週刊現代』『FRIDAY』も部数を下落させているなか、『COURRiER Japon』は講談社の「看板」を背負う、新しいエースとしての役割を期待されている。とはいえ、その道のりは厳しい。

『COURRiER Japon』は、1990年に創刊されたフランスの国際ニュース週刊誌『Courrier International』との提携により誕生した。むこうは週刊だが、こちらは月刊、1500を超える世界中の新聞・雑誌から選んだニュース記事を転載していく、という編集方針は日本版でも踏襲されている。

アメリカの『ニューヨーク・タイムズ』『ワシントン・ポスト』、イギリスの『エコノミスト』『ガーディアン』、韓国の『ハンギョレ21』『週刊東亜』、フランスの『ル・モンド』などの新聞・雑誌から長文記事が転載されるほか、小さなコラムまでみていくと、ブラジル、アラブ首長国連邦、ミャンマーといった国々で書かれた記事までが並ぶ。反面、日本発のオリジナル記事は、連載コラムなど一部にすぎない。悪くいえば、他メディアの記事の寄せあつめである。

しかし、この「寄せあつめ」という発想が案外重要であるように思う。

インターネットの世界では、こうした「寄せあつめ」型メディアからすでに成功例が生まれている。その象徴がアメリカの『The Huffington Post』というニュースサイトである。『The Huffington Post』は、新聞社や雑誌のサイトから、各分野の専門家のブロ

The Huffington Post（ハフィントン・ポスト） 2005年にコラムニストのアリアナ・ハフィントンが共同創設者らと立ち上げ、編集長をつとめるリベラル派のニュース・メディア。個人ブログやメディア系のサイトから記事を集める「アグリゲーション」という手法をとる。2011年にはAOLに買収されたが、アリアナはAOL傘下のTechCrunchやEngadgetといったブログメディアを含むThe Huffington Post Media Groupの社長兼編集長に就任し、影響力を強めている。

『COURRiER Japon』

2005年創刊（講談社）
印刷証明付発行部数　63,334部（2011年4～6月、雑協調べ）
定価780円（2011年現在）

グに至るまで、さまざまなサイトからニュースや解説記事を転載し、一つの「オンライン新聞」として機能するようにつくられたサイトである。こうした手法をネットの世界では「アグリゲーション」と呼ぶ。しかも『The Huffington Post』は、ニュース提供元の一つである『ニューヨーク・タイムズ』のウェブサイト以上のアクセスをあつめているという。

『COURRiER Japon』は、この「アグリゲーション」を紙媒体でやっている雑誌だと考えればいい。じっさい、本家のフランス版『Courrier International』のサイトは、『The Huffington Post』と同様、ネット上でも記事の配信を行っている。

フランスの本家のような無償公開までは踏み込んでいないが、『COURRiER Japon』も、日本の雑誌のなかではネット対応が進んでいる部類に入る。いち早く、掲載記事の約半分が読めるiPhone用アプリケーションも有料で配信（350円）したほか、ポッドキャストによる音声配信や編集部ブログなども充実している。

講談社は2009年、マンガからニュースまで、幅広いコンテンツを扱う同社のポータルサイト『MouRa』を閉鎖した。『COURRiER Japon』による一連の試みが、ネット時代の雑誌の生き残り策としてどこまで有効なのかを見守っているに違いない。

「アグリゲーション」的な編集手法や、iPhoneによる紙とネットの連動という方法論は面白いが、肝腎の誌面には、注文をつけたいことも多い。記事のクオリティはオリジナル記事のよし悪しによってほぼ決まってしまう。したがって『COURRiER Japon』の「雑誌」としての力量は、もともとは別のメディアに掲載されていた多様な記事を編み直すことで、いかに新しい価値を生むかにかかっている。しかし、その部分で『COURRiER Japon』は、まだまだ腰が引けている。そ

COURRiER Japon

れを象徴するのが、「世界から見たNIPPON」という常設コーナーの存在だ。
海外で活躍する日本人の姿や、外国からの肯定的な論調を伝えることで、自信を喪失している日本人を元気づけよう、という趣旨はよくわかるが、海外からみた日本のイメージばかりを気にするのは、ジャーナリズム雑誌としてあまりにも情けないのではないか。「国際ニュースのセレクトショップ」というキャッチフレーズどおり、他では読めない世界水準のニュースと論説記事を、切れ味のいい編集でみせてくれることを期待したい。

POSTSCRIPT

日本人の意識や行動が内向きになっていることを示す「ガラパゴス」化という表現があるが、政治経済のグローバル化によって世界のほかの地域と共有できる課題はむしろ増えている。そんな時代には、海外との意識の落差を埋めてくれるこの手のメディアは重要だ。『COURRiER Japon』に足りないのは、海外からの情報や知見を鵜呑みにせず、すぐれたコメントを付け加えられる人材だ。いまのレギュラー陣のほかに、あと1ダースぐらいすぐれたコメンテイターがいてくれたら、この雑誌はずっとよくなるだろう。

LINKS ☞

『ソトコト』

木楽舎

1999年創刊。『BRUTUS』の名物編集者だった小黒一三氏がマガジンハウス退社後に創設したトド・プレスが編集を行う、「ロハスピープルのための快適生活マガジン」。同誌の増刊として『孫の力』という雑誌も出している。（定価800円）

『QUOTATION』

BNN新社

2008年創刊。海外のメディア動向に詳しい蜂賀亨氏が編集長・クリエイティブディレクターをつとめ、引用のような短いコラムで世界のクリエイティブ・シーンを伝える。マンスリーイベントとしてQuestion Aも開催。（定価580円）

4

「趣味」と「実用」のはざまで愛をさけぶ

演奏するのではなく音楽を聴くだけ、スポーツをするのではなく観るだけ。それでも誰より音楽やスポーツを愛している——そんな人はきっと多いはず。雑誌は実用にも役だつが、対象への偏愛を熱く語るためのツールでもある。それぞれのジャンルでちょっと気になる、「愛」を感じる雑誌たちをご紹介。

Number

創刊30年をむかえた「スポーツの総合誌」の未来は？

1980年に創刊された『Number』は2010年で30周年を迎えた。FIFAワールドカップ・フランス大会への日本初出場に沸いた1998年の最盛期（47万部）に比べかなり部数を落としたとはいえ、現在も隔週発行17万部を維持しており、別冊の『Number PLUS』や『Number Do』（2010年10月創刊）もあわせたNumberブランドは健在である。しかし、30年の月日は当然のように雑誌の姿を変えていく。

『Number』という雑誌の登場は、大げさにいえば日本の出版界における一つの「事件」だった。アメリカの伝統あるスポーツ雑誌『Sports Illustrated』に範をとったスポーツ・グラフィック雑誌を、活字雑誌の総本山である文藝春秋が創刊したのだから驚きも当然である。創刊編集長は、のちに『文藝春秋』の編集長もつとめる岡崎満義氏。彼自身による創刊前後の逸話は、Numberの公式サイトほかでいまも読むことができる。

スポーツ選手を題材にしたすぐれた作品を発表していた沢木耕太郎をはじめ、ノンフィクション作家や小説家、詩人などを書き手に起用するなど、初期『Number』には独特の文芸色があった。そうしたなか、創刊準備号のために書かれた1本の記事によって、一人のライターが脚光を浴びる。

前年の日本シリーズ近鉄対広島戦、3勝3敗のタイで迎えた第7戦の9回裏に広島のリリーフ・エース江夏豊が近鉄打線に投じた21球を、本人のコメントをまじえつつ1球ずつ克明に綴った『江夏の21球』を書いた山際淳司である。この記事は正式の創刊号にも転載され好評を博し、その後も『Number』を象徴する記事として、いくども言及されることになる。それまでスポーツの取材記事を書いた経験がなかった山際は、「江夏の

『Sports Illustrated』　1954年に創刊されたアメリカを代表するスポーツ雑誌。純粋なお色気企画である恒例の水着特集号でも有名。日本人はスポーツをストイックかつ思弁的にとらえる傾向があり、いまの『Number』で水着特集が成り立つとは思えないが、本家の『Sports Illustrated』は身体的かつ享楽的で、水着特集もまったく違和感がない。「野球」と「ベースボール」は違うスポーツだといった元外国人選手がいたが、スポーツ雑誌にも同じことがいえるのかもしれない。

『Sports Graphic Number』

1980年創刊（文藝春秋）
印刷証明付発行部数　168,334部（2011年4～6月、雑協調べ）
販売部数　124,115部（2010年7～12月、日本ABC協会調べ）
定価550円（2011年現在）

21球」をきっかけに、スポーツライターとして大きな成功を収めていった。

創刊から90年代までの『Number』は、本家の『Sports Illustrated』と同様、総合スポーツ誌の名にふさわしくオールラウンドに題材をあつめていた。

日本サッカーのワールドカップ出場や、メジャーリーグで活躍する日本人野球選手が増えるなど、オリンピック以外の場でもスポーツの国際化が進んだこともあり、近年はサッカーや野球が表紙を占めることが多い。ことに2010年はワールドカップの開催年でもあり、『Number』の表紙はサッカー一色に染まった。

企画面でも、変化は現れている。768号（2010年12月9日号）では「ニッポン再考」という特集が組まれており、サッカー日本代表の新監督に就任したアルベルト・ザッケローニと、Jリーグで優勝した名古屋グランパスのストイコビッチ監督が並んで表紙に登場した。また別冊である『Number PLUS』の2010年10月号でも、南アフリカ大会の日本代表チームを途中まで指揮していたイビチャ・オシム元監督の言葉をあつめた「オシム・レッスン」を一挙掲載し、「完全保存版」と謳っている。『Number』という雑誌が現在置かれている位置が、このあたりにはっきりとみてとれる。

初期の『Number』が、文学の匂いを残したスポーツ・ノンフィクションによって象徴されるとしたら、最近のものには、スポーツのグローバル化を背景に、「世界と日本とのギャップをいかにして乗り越えるか」という問題意識のもとでの組織論やリーダーシップ論、教育論が目立つ。30年の月日は、日本人のスポーツに対する意識を大きく変えた。かつて人々はスポーツを語る言葉に「ドラマ」や「物語」を求めたが、いまのスポーツ・ジャーナリズムは自己啓発書やビジネス書のノリに近づいている。

Number

選手に喝采を浴びせるばかりでなく、冷静にスポーツを分析し理知的に楽しむ人が増え、物語やドラマの要素が際だつ野球から、戦略論や組織論が前面にでるサッカーへと人気スポーツの王座が交代したのも、そのあたりを反映しているのかもしれない。

現在の隔週という刊行ペースのままなら、『Number』は2012年に800号、2020年には念願の1000号達成となる。そのときに表紙を飾るのがどんなスポーツで、どんな人物なのか、いまからは予想もつかない。だがこの雑誌については、もう一つ別の想像をしてみたくなる。『Number』は写真の美しさ、大胆なレイアウト、タイトルワーク、ストイックな文章スタイルのどれをとっても、日本の伝統的な雑誌編集、ことに菊池寛以来の『文藝春秋』のスタイルとは明確に一線を画している。こうした方法論のなかに、もう一つのジャーナリズムの可能性があるのではないか、と。

いまも手堅く数10万部を維持している『文藝春秋』『週刊文春』の2誌が、文春流ジャーナリズムを背負う「看板雑誌」であることは間違いない。だが、これらの長寿雑誌の陰で「次世代の文藝春秋」となることを期待された新雑誌は、ことごとく失敗を繰り返してきた。『マルコポーロ』『ノーサイド』『カピタン』『TITLe』など、それぞれがどんな雑誌だったのか、いまでは誰も思いだせない。写真週刊誌ブームの時代に創刊された『Emma』も同様である。これらの失敗した雑誌と比較するのも失礼だが、スポーツというテーマに特化しているとはいえ、創刊から30年を超え、通巻750号以上を数える『Number』の存在は、あらためて驚異的である。

『Number』はじっさいに競技を行うアスリート向けの雑誌ではないし、特定のスポーツについての専門誌でもない。あえていうならば、ノンフィクションやインタビューという手法によって、アスリートの人となりを描きだす雑誌であり、広義の「ジャーナリズム誌」といっていい。洗練されたグラフィック・デザインによる、総合ジャーナリズムの雑誌という「夢」までは、そこからあと一歩である。

『Number』がこれまでの長い歴史のなかで身につけてきた力を、そろそろ本家の文春ジャーナリズムのほうにも投入してもいいのではないか。朝日新聞社と文藝春秋は、日本のジャーナリズムにおいて長らくライバル関係にあるにもかかわらず、文藝春秋は『AERA』に対応する雑誌をもっていない。

この空白のポジションに、文藝春秋ならではのジャーナリズム魂を感じさせる、もう一誌が存在したら、と思うのは私だけではあるまい。

POSTSCRIPT

『Number』を一般的なジャーナリズムの雑誌として広げていけたら、という夢をみるのと同時に、もっと徹底的にスポーツへの愛を語る雑誌であり続けてほしい、と思う気持ちもある。スポーツ誌とはアスリートが読む雑誌ではなく、ファンがスポーツへの愛を語る場だ。ジャーナリズムの旗を掲げるのは、そのあとでいい。スポーツ誌がビジネス書や自己啓発書のような実用目的でのみ読まれるのはつまらない。アスリートの見事なプレーに息を呑む瞬間の喜びを閉じ込めた雑誌。それが結果的に優れたジャーナリズムになりえたなら、それがいちばん素晴らしい。

LINKS ☞

『Tarzan』

マガジンハウス

1986年創刊。健康雑誌かスポーツ雑誌か、趣味と実益と自己愛のどれが目的なのか、そのあたりが曖昧なのがこの雑誌の魅力かもしれない。メタボが気になる中年や健康オタクだけに読ませておくのはもったいない。（定価は号によって異なる）

『野球小僧』

白夜書房

1998年創刊。プロ野球をはじめ、高校野球ほかのアマチュア野球や独立リーグまで、あらゆる野球の話題を扱い、詳細なドラフト特集にも定評がある。姉妹誌『中学野球小僧』も刊行されている。（特別定価1,500円）

TV Bros.

テレビ情報誌の皮をかぶった サブカル・コラム誌

テレビ情報誌というのは、独特のジャンルである。発行部数で70万部を超える『月刊ザテレビジョン』を筆頭に、20万部以上の雑誌がゴロゴロしている。部数がほかの雑誌に比べて桁違いなのは、新聞をとらない人が、新聞がわりに買うからだ。

「テレビの番組表」という共通のコンテンツを扱いながら、これらの雑誌の内容はきわめて多種多様。テレビというお化けのような巨大メディアを、どのような切り口で扱うかによって、それぞれの雑誌のスタンスが現れてくる。なにしろ、老舗のテレビ情報誌『TVガイド』の発行元・東京ニュース通信社からは、地上波テレビの番組情報誌だけでも、同誌のほかに『月刊TVガイド』『TV Taro』『B.L.T.』『TV Bros.』がある。

テレビ情報誌のいいところは、番組情報という基本さえおさえておけば、あとはわりと自由な誌面編集ができるところにある。『TV Bros.』の場合は、とくにその印象が強い。テレビ情報誌の皮をかぶったコラム誌というのが、この雑誌の本質である。テレビというマスメディアを扱っているわりに、この雑誌にはマイナーの匂いがする。「サブカル」という言葉が象徴するような書き手が勢揃いしているのである。

手元の号の巻頭から順番に執筆者の名を挙げると、松尾スズキ、細野晴臣、箭内道彦、千原ジュニア、Perfume、清水ミチコ、光浦靖子、仲里依紗などのコラムが並び、巻末には川勝正幸、豊﨑由美といったベテランライターや、しりあがり寿、友沢ミミヨなどのマンガ家が名を連ね、最後は爆笑問題で締めている。コラムの内容は、テレビとはあまり関係ないものも多い。

ただし、こうした「古きよきサブカル路線」から、徐々に離れていく動きもみてとれ

『TV Bros.』

1987年創刊（東京ニュース通信社）
印刷証明付発行部数　243,370部（2011年4〜6月、雑協調べ）
定価180円（2011年現在）

る。定価180円（近年は特別定価210円が定着）という、マンガ雑誌よりも安い値段の『TV Bros.』の中心読者は可処分所得の少ない若い世代だろうから、いつまでも「古きよき」で行くわけにはいかないのだろう。

サブカル路線と並ぶもう一つの特徴は、ITやネット文化との連動だ。たとえばネット上のフリー百科事典「ウィキペディア」に書かれている記述の誤りを本人が手直しする、「ウィキナオシ！　本人確認Wikipedia」という連載企画がある。これなどはサブカル的センスとネット文化をつなげた好例といえそうだ。

毎号の巻頭に載るロングインタビューも『TV Bros.』の魅力だが、2010年5月15〜28日号では「リアルタイム・ウェブの台頭」という特集を組み、宇川直宏氏を取材している。宇川氏はネット映像のライブストリーミングサービスUstreamをつかって、「DOMMUNE」というイベント会場連動のコンテンツを金・土を除いた毎晩配信しているアーティストだ。

彼の発言のなかに、こんな一言がある。

「僕達が完全D.I.Y.で自発的にはじめたDOMMUNEという表現は、民放の劣化版ではなく、むしろ紙メディアの墓場なんです」

いまはまだ大部数を維持しているが、地上波の完全デジタル化が行われたことで、テレビ情報誌はいずれは消え行く運命にある。なぜならテレビの受信機自体が番組表を表示するようになるからだ。そうしたメディアの過渡期にあって、『TV Bros.』はテレビ情報誌でありながら、読者

DOMMUNE（ドミューン）　2010年3月に開局した東京・渋谷のスタジオの名称であり、そこで毎週日〜木曜の夜に行われるトーク＆DJイベント名でもあり、そのイベントのUstreamによるライブストリーミング番組の名でもある。ストリーミング映像とtwitterなどのソーシャルメディアとを組み合わせることによって、新しいコミュニケーションのかたちを生みだした。福島第一原発事故を受けて、2011年5月に福島支局も開局している。

TV Bros.

をインターネットへと誘おうとしている。それは紙メディアの自己否定だろうか？
そうではないと思う。『TV Bros.』は、ただのテレビ情報誌でもコラム雑誌でもなく、先端的なカルチャーに触れたいけれど、そこに行き着く方法を知らない若い読者のためのカルチャーガイドなのだ。

POSTSCRIPT

「サブカル愛」という表現はいささか野暮ったいが、『TV Bros.』から感じるのは紛れもなく、一つの愛のかたちである。情報誌の編集は神経をつかうしんどい仕事だ。せめて企画のページぐらい、やりたい放題やらせてくれ！という魂の叫びが誌面にみちているからこそ、この薄っぺらい雑誌からはいつも熱気が感じられるのだろう。

『QuickJapan』

太田出版

1993年創刊。初代編集長の赤田祐一氏が私費を投じて創刊準備号を刊行。当初は新しいジャーナリズムをめざしたが、徐々にメジャーなポップカルチャーを扱うように。『QJ』の時代を経て最初の名前が復活。（定価945円）

『週刊SPA!』

扶桑社

1988年創刊。リニューアル前の『週刊サンケイ』を覚えている読者はもはや少数派。小林よしのりの『ゴーマニズム宣言』が連載されていた頃が黄金時代。いまやサブカル中年の恨み節雑誌になった感アリ。（定価は号によって異なる）

『マンスリーよしもとPLUS』

（よしもとクリエイティブ・エージェンシー）

2009年創刊。「吉本興業」時代から刊行されていた『マンスリーよしもと』を、元『QJ』編集長の森山裕之氏がリニューアルしたお笑い情報誌。『演芸タイムス』の時代まで遡ると90年近い歴史があるというからすごい！（定価500円）

COLUMN

忘れがたい雑誌たち

必ずしも仲がよかったわけでもないのに、忘れがたいかつてのクラスメイトのように、人には誰にでも、愛読していたわけではないのに「忘れがたい雑誌」があるのではないか。私にとってのそんな雑誌をいくつか挙げてみる。

●『奇想天外』（1974〜1981年、1987〜1990年）。SF雑誌。かなり前になくなった雑誌だが、これだけは入れておきたい。なにより雑誌名にシビれた。別冊である『マンガ奇想天外』で描いていた漫画家さんはみな好きだった。

●『鳩よ！』（1983〜2002年）。マガジンハウスで、唯一原稿を書かせてもらったことがある雑誌。大判で詩の雑誌だったころがよかった。湾岸戦争のときの特集が、強く印象に残っている。

●『噂の真相』（1979〜2004年）。欄外の1行ゴシップだけをよく立ち読みしていた。自分の編集していた雑誌の内情ゴシップを、この欄で読んだときの複雑な心境はいまだに忘れがたい。

●『ぱふ』（1974〜2011年）。マンガ評論誌だった頃にときどき読んだ。雑誌の性格は大きく変わったとはいえ、ミニコミらしいミニコミがこれほど長く続いたことは驚き。休刊の報に接し、心からお疲れさまといいたい。

●『現代詩手帖』（1959年〜）。この雑誌はまだでている。高校生の頃、あろうことか詩人になろうと思った時期があり、1度だけ投稿したこともある（もちろん落選）。当時は詩がまだ、カッコいいものだった。

●『ヤングマガジン』（1980年〜）。もちろん現存。創刊号から20年以上読み続けた唯一のマンガ雑誌だったが、40歳をすぎた頃に、「いまさらヤングでもない」と思ってやめた。青春の終わりを感じた瞬間だった。

rockin'on

もっとも成功したベンチャー雑誌『rockin'on』とその系譜

ロックという音楽が第二次世界大戦後の若い世代に与えた影響ははかり知れない。ことに「自由」とか「個人」という概念がイマイチ定着していない感のある東洋のこの島国では、ロックはたんに若者向けの騒々しいポップミュージックの1ジャンルにとどまらず、音楽を聴くことを通して自由な個人であることの意味を教えてくれる、一種の「外来思想」でもあった。

学生運動が退潮していく節目の１９７２年に創刊された『rockin'on』という薄っぺらい洋楽雑誌は、外来思想としての「ロック」を日本の風土と日常生活のなかに根づかせようとする一種の思想運動だったと、いまではっきりいえるのではないか。

創刊編集長で、現在にいたるまで株式会社ロッキング・オンの社長であり続けている渋谷陽一氏は、戦後日本が生んだ名編集者の一人であると同時に、成功した出版ベンチャーの経営者でもある。本や雑誌をつくることとは昨今のＩＴビジネスと同様、かつてはベンチャー・ビジネスだった。１９７９年に原書が刊行され、80年代に邦訳がでてよく読まれたレイモンド・マンゴーの**『就職しないで生きるには』**という本も、書店兼出版社を立ちあげることで自分のライフスタイルとビジネス（食い扶持）とを両立させようとした若者の話だった。

70年代から80年代にかけては、ロックにかぎらず、日本でさまざまな若い世代のサブカルチャーが開花した時期であり、多くのインディペンデント雑誌がそこから生まれた。当時「ミニコミ」と呼ばれたそれらの大半はすでにないか、『宝島』のように名前は同じでも実体はすっかり別物である。そうした雑誌と比べると『rockin'on』の「変わらなさ」

『就職しないで生きるには』　原題は「COSMIC PROFIT HOW TO MAKE MONEY WITHOUT DOING TIME」。これを『就職しないで生きるには』というたくみな邦題にしたことで同書は日本で一種の聖典となった。ベンチャーという言葉がまだ一般的でなかった頃、自前の書店や出版社を起こすことも一種の「起業」だった。同時期にアメリカではアップルが産声をあげ、ロンドンではパンク・ムーブメントが起きていた。出版、IT、音楽とジャンルは異なれど、これらに通じるのはDIY精神であり、しかもそれらのうちのいくつかは、やがてじっさいにビッグビジネスへと成長していったのである。

『rockin'on』

1972年創刊（ロッキング・オン）
公称発行部数　140,000部
定価は号によって異なる

は際だっている。この一貫性は、よくも悪くもこの雑誌がロックという「思想」を土台とする、きわめて特殊な存在だったからだろう。

『rockin'on』編集長の座を後進の若い世代に委ねたあとも、渋谷氏は精力的に新しい雑誌を創刊し続けている。

1985年には邦楽ロック専門誌の『rokin'on JAPAN』を創刊。日本語ロックの最良の部分を紹介し続けてきた同誌は、現在のロッキング・オン社の看板雑誌である。さらに1989年には映画雑誌『CUT』を、94年には大人向けロック雑誌『bridge』と女の子カルチャー誌『H』を創刊、といった具合に矢継ぎ早に新雑誌を立ちあげ、99年に創刊されたグラフィカルな大判雑誌『SIGHT』は、判型をA5判に改めたあと、ロック世代の視点から政治を語るオピニオン雑誌に変身した。

ロックという音楽からはじまり、映画や女の子カルチャーを経て政治にいたるまで、広い範囲の当事者の言葉に耳をかたむけ、その声を読者に伝えること——これがメディア企業としてのロッキング・オンが一貫してやってきたことだ。個性的な執筆陣による音楽評論のイメージが強いが、『rockin'on』にしても『rokin'on JAPAN』にしても、メインはアーティストへのロングインタビューである。この方法論は、音楽以外のジャンルを扱うほかの雑誌でも変わらない。インタビュー偏重というアマチュアっぽい編集手法を貫く底には、オーラルなコミュニケーションのほうが、書き言葉よりも批評的でありうる、という堅い信念があるのかもしれない。

『rockin'on』という雑誌やロッキング・オンという会社が、ロックという「思想」を旗印に掲げると同時に、ビジネスの感覚をしっかりもっていることは、独立して自前の雑誌や会社をもつにいたった編集

rockin'on

者の数の多さが証明している。

　市川哲史氏が『音楽と人』を創刊したのを皮切りに、田中宗一郎氏の『snoozer』、増井修氏の『TONE』、鹿野淳氏の『MUSICA』など、『rockin'on』元編集者は相次いで自ら雑誌を創刊し起業している。音楽誌だけでなく、『H』の編集長だった斉藤まこと氏も『spoon.』を創刊しており、ロッキング・オン社で働いた者たちの底力をひしひしと感じるが、それは編集も執筆も営業も広告もひととおり経験しなければならないという、ミニコミ出身の出版社ならではの全人教育の賜物だろう。「ロック」を思想として高々と掲げると同時に、上から目線的な批評や評論よりファンとしての視線を大事にし、理想を語るのみならず現実的にはすぐれたベンチャー・ビジネスでもある、というのがロッキング・オン社をはじめ、そこからスピンアウトした雑誌の共通点だ。

　とはいえ、誌面の印象や、とりあげるアーティストの人選が、あまりにも似かよっていることもたしか。これらのスピンアウト雑誌は、いわば「ロック主義」の分派活動であり、総体として『rockin'on』とそこから派生した雑誌は一つの運動体なのである。一連の雑誌はそもそも音楽をじっさいに演奏する人のための雑誌ではなく、音楽を聴く人に向けられた「ファン雑誌」なのだから、同時期に同じアーティストへの愛を各誌が我先に語ろうとすることさえ、むしろ自然なことなのかもしれない。

　ザ・ビートルズが表紙を飾った『rockin'on』2010年11月号で、同誌の創刊メンバーの一人である松村雄策氏は、こう書いている。「ビートルズは北極星である。他の星が動いても、北極星だけはいつも同じところにいる」――この言葉はそっくりそのまま、『rockin'on』という雑誌にもあてはまるだろう。

１９５０年生まれの最初期の「ロック世代」は２０１０年で還暦を迎えた。少年時代を過ぎて、青年になっても中年になっても年甲斐もなくロックを聴き、語り続けてきた世代が、ついに老人世代に突入する。「ロック」という音楽はもはや聴かなくなったとしても、「ロック」という思想からは卒業できずにいる人は山ほどいるはずだ。
かつて「外来思想」であったロックは、いまではたしかに日常生活に溶け込んだ音楽になった。でも、この国がいつの間にか自由や個人を尊重する国になった、というわけではないだろう。でも、揶揄でも皮肉でもなく、ロッキング・オン社の各雑誌には、いつまでも「ロックという思想」を謳い上げ続けてほしい。個人主義と自由がこの島国に真の意味で根付く日まで。

POSTSCRIPT

この原稿を書いた時点では想像もしなかった出来事が、単行本化までの間にいくつか起きた。一つは元『MUSIC MAGAZINE』編集長、中村とうよう氏の自殺。もう一つは田中宗一郎氏が編集長をつとめる音楽誌『snoozer』の休刊である。あいかわらず音楽雑誌にとってきびしい時代が続いているが、その理由は音楽がほかのどの分野よりも早くから、メディアの変化に見舞われたからだ。でも、人々が音楽への愛をまだ失っていないなら、その思いを語るための場がどこかに必ず生まれるはずだ。

LINKS ☞

『MUSIC MAGAZINE』

ミュージック・マガジン社

1969年創刊。ロックからワールド・ミュージックにいたるまで、世界中の音楽を精力的に紹介してきた創刊編集長の中村とうよう氏は連載コラムに死を決意した言葉を残して自殺。享年79歳。その次の号は追悼特集となった。（定価700円）

『snoozer』

リトルモア

1997～2011年。タナソーの愛称で呼ばれる田中宗一郎氏が創刊し、『rockin' on』からスピンアウトした多くの雑誌のなかで、ロック・ファンの支持をもっともアグレッシブにあつめていたこの雑誌も、創刊から14年目でついに休刊。

AXIS

デザイナーの視点から社会を読み解く

1981年に創刊された『AXIS』はデザイナー向けの専門誌だが、この世界の門外漢である私もときどき手にとり、刺激を受けている。

A4判変型という大判ページの大半がフルカラーで、記事は日本語と英語のバイリンガル。国内で2万部、海外で1万部が流通する堂々たる国際雑誌でもある。英文と和文が共存する誌面が読みやすいよう、AXISフォントという書体を自ら開発し、誌面でじっさいに使用しているのはデザイン専門誌の面目躍如だ。

この雑誌が刺激的な理由は、対象とする「デザイン」の領域が広いからだ。

「デザイン」という言葉からふだん連想されるのは、グラフィック・デザインやプロダクト・デザインといった、モノやカタチにかかわる仕事だろう。『AXIS』ではそれ以外にも、建築や土木、コミュニケーション、医療などにかかわるデザインがしばしばとりあげられる。2010年10月号の場合、ファッション・デザイナーの三宅一生の特集があるかと思えば、檜風呂の職人が取材されていたり、建築や都市計画にかかわる記事もある。独自の視点による取材記事が多く、きわめて良質なジャーナリズムが感じられる。

この雑誌に掲載された記事をもとに、ロングセラーとなる本も生まれている。働き方研究家・西村佳哲氏の**『自分の仕事をつくる』**だ。この本を読むと、デザインとはたんにものごとの見栄えをよくすることではなく、生き方の根幹にかかわる仕事だということがわかる。

デザインという行為に対するそうした視点は、現在の『AXIS』からも感じられる。たとえば書評のコーナーも、デザイン関係の本が紹介されるだけではなく、ベストセ

『自分の仕事をつくる』　なにより「働き方研究家」という肩書きが新鮮だった。他人の「仕事」ぶりが研究の対象となり、自分の仕事のやりかたへとフィードバックできることが、当時はなによりの驚きだったのだ。IDEOやヨーガン・レールといった世界的企業から、象設計集団や柳宗理といった日本の大御所、さらには第一期『ワイアード日本版』編集部や地元のパン屋さんまで、伸縮自在の距離感で「いい仕事」が生まれている現場を取材してまわったこの本は、多くの人の仕事観を確実に変え、いまも読み継がれるロングセラーになっている。

『AXIS』

1981年創刊（アクシス）
発行部数　公称30,000部（※国内20,000部、海外10,000部）
定価1,800円（2011年現在）

ラーとなった岩崎夏海氏の『もし高校野球の女子マネージャーがドラッカーの「マネジメント」を読んだら』をデザイナーの深澤直人氏が書評していたりする。ちなみに深澤氏はこの本を「クリエイティビティこそがマネージャーにとってもっとも必要な能力であることがこの本を読んでよくわかる」と絶賛している。

「モラルの土木」という連載も面白かった（※現在は連載終了）。「土木」とはそもそも都市インフラ整備のことである。前述の号では街のあちこちにみられる喫煙スペースに目を向け、「喫煙者への愛」が感じられない、そのあり方に疑問を呈している。つまり『AXIS』は、「デザイン」についての話題をとりあげる雑誌というよりは、社会やものごとに対し、デザイナーの視点でアプローチしている雑誌なのだ。門外漢が読んでも面白く、ときには目からウロコが落ちるような発見があるのはそのためだろう。

雑誌の発行だけでなく、アクシスビルという建物を本拠地にもち、ギャラリーでの展覧会やイベントの開催、雑誌の記事と連動した物販なども行っている。このギャラリーで行われた、建築家の隈研吾&MITメディアラボ副所長の石井裕、建築家の西沢立衛&デザイナーの廣村正彰という2組のトークセッションの様子が先の号でも詳しく紹介されており、これらの多面的な活動の中心に、この雑誌が位置していることがわかる。

インターネットへの取り組みも当然バイリンガルだ。AXISの活動全体を紹介するウェブサイトは以前からあったが、これとは別に「jiku」というブログベースのサイトが立ちあげられ、ウェブ独自のコラム連載や、雑誌『AXIS』の過去記事のアーカイブなどが、日本語と英語で収められている。

紙の雑誌としてはきわめて洗練されたデザインを誇る『AXIS』だが、正直にいえば、「jiku」のサイトデザインには改善の余地があり、ウェブ

AXIS

上のメディアとしては、まだまだ試行錯誤している。電子雑誌が話題になる今日この頃、個人的に一番電子化してほしい雑誌の一つがこの『AXIS』だ。この場を借りてエールを送りたい。

POSTSCRIPT

デザイン系の雑誌はいま、とても元気なように感じられる。それはきっと、デザイナーが元気だからだ。編集者の顔色が冴えないのとは対照的に、デザイナー自身が編集者のお株を奪って雑誌や本をつくるケースが増えている。本や雑誌、ウェブなどのメディアづくりだけでなく、社会のさまざまなところで「デザイン」が求められている。それに応えるための態勢が、デザイナーの側にはできつつあるようにみえるのだ。翻って編集者はどうだろう。そういう態勢はできているだろうか？　デザイナーについての雑誌を読むということは、私にとって、その問いを自分自身につきつけることでもある。

LINKS

『アイデア』

誠文堂新光社

1953年創刊。毎号すぐれたテーマ設定で、デザインにかかわる諸分野や一人のアーティストを深掘りしてくれる大判雑誌。赤田祐一×ばるぼらによる「20世紀エディトリアル・オデッセイ」の連載も見逃せない。（定価2,970円）

『デザインのひきだし』

グラフィック社

2007年創刊。紙やインク、印刷と製本、はては特殊加工にいたるまで、デザインの現場をこれでもかというほど徹底取材し、実物のサンプルを大量に綴じ込むオブジェ感あふれる雑誌。アートディレクターは佐藤直樹氏。（定価2,100円）

COLUMN

「男子厨房に入る」の時代

「男子厨房に入るべからず」という言葉を逆手にとって、プレジデント社が男性向け料理雑誌『dancyu』を創刊したのが1990年。この雑誌名を決めたのは作家・諸井薫としても知られる当時の社長・本多光男氏だったという。男性のこだわり料理の代名詞としてすっかり「ダンチュウ」の名は定着したが、この雑誌の創刊から20年たって、世はすっかりデフレ時代に。バブルの威光とともにあったグルメ志向の男の料理リテラシーは消え去り、「草食系男子」のための、ちょっと女性誌風の料理雑誌がこのところ増えてきた。

筆頭として挙げられるのは、KKベストセラーズが2010年からファッション誌『Men's JOKER』の増刊として発行していた『男子食堂』。動きは好調のようで、2011年11月号からは月刊誌となった。これに対してプレジデント社も『料理男子』を2011年7月に創刊。どちらも本格的な料理というより、家庭科的な調理の基本の「き」からやりなおし、というところがウケている。料理ぐらいできなきゃモテない、という感覚ではなく、どちらかといえばデフレ時代のサバイバル術という感じもあり。これからは「男子厨房に入る」が当たり前の時代になりそうだ。

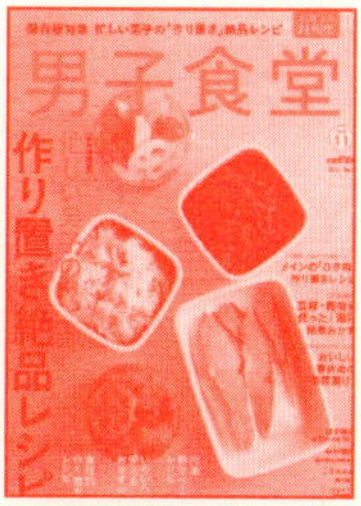

鉄道ファン

ブームに左右されない正統派鉄道趣味誌

「鉄道趣味」という言葉がある。いまならさしずめマニアックとかオタク的という言葉で表現される行動のことを、かつては「趣味」と呼んだ。戦前にはずばりこの名を冠した『鉄道趣味』という雑誌もあったというから由緒正しい言葉なのだ。

1961年に創刊された『鉄道ファン』は、現代において「鉄道趣味」を扱う雑誌の代表格である。老舗の鉄道趣味誌としてはほかに、創刊が『鉄道ファン』より古い『鉄道ピクトリアル』（1951年創刊）や、後発の『鉄道ジャーナル』（1969年創刊）があり、いずれも月刊誌である。

鉄道には季節ごとのダイヤ改正や特別列車、新型車両の登場といった時事ネタが必ずあり、月刊誌が成り立ちうる豊富な情報が鉄道事業者側からもたらされる。しかし、あくまでこれらの雑誌は業界誌でも専門誌でもなく、鉄道愛好家の文化を土台とする趣味誌である。鉄道とその周辺に発生する情報や出来事をいかに楽しむか、という点にとことん主眼が置かれているのだ。

『鉄道ファン』を筆頭に月刊の専門誌がいくつも存在するだけでなく、季刊誌や鉄道車両・鉄道会社ごとの特集ムックをふくめると、日本の出版界において「鉄道趣味」関連雑誌は、いまや一大ジャンルになりつつある。それを支えているのは、老若男女を問わない鉄道愛好家たちである。「鉄道趣味」はおそらく、**日本で最大の趣味のコミュニティ**だろう。

最近では「鉄子」「鉄女」などと、女性も自分が鉄道ファンであることをカムアウトできるようになり、またマニアも細分化して「乗り鉄」「撮り鉄」といった言葉も定着しつ

日本で最大の趣味のコミュニティ　そう考える理由は、日本語版ウィキペディアにおける鉄道関係の記述の詳細さである。「日本の鉄道駅一覧」というページに全駅名が網羅されており、各項の記事作成が呼びかけられている。コミュニティは鉄道の走るかぎりの全国津々浦々に広がっているだろうし、おそらくは世代の壁も超えている。東日本大震災の被災地にある駅を調べてみたところ、被災や復旧、営業の状況が端的に記されていて頭がさがる思いがした。

『鉄道ファン』

1961年創刊（レールファン交友社）
公称発行部数　215,000部
定価1,100円（2011年現在）

つある。いわば、いまは時ならぬ一大鉄道ブームの時代といっていい。ところが、そうした世間の変化をよそに、『鉄道ファン』を筆頭とする老舗鉄道雑誌の御三家は、正調派の「鉄道趣味」を貫いている。オンナコドモ向けに甘口にアレンジするという発想はまったくないようだ。鉄道を愛する資格には、年齢も性別も関係ないのである。

『鉄道ファン』の質実剛健かつ端正なデザインからもそれはみてとれる。御三家のなかでも『ジャーナル』『ピクトリアル』は、生真面目すぎて時代の波にやや取り残された印象を与えるが、『鉄道ファン』は堂々と王道をゆくことで、むしろ時代を超えた魅力を放っている。とくにその表紙は日本の商業雑誌のエディトリアルデザインのなかでも、屈指の完成度といっていいだろう。

端正なレイアウトが生きるのも、鉄道車両というきわめてフォトジェニックな被写体が存在するからだ。『鉄道ファン』は広告主のキヤノンと毎年フォトコンテストを開催しており、鉄道写真展の情報も充実している。

鉄道趣味を支える要素は多岐にわたるが、そのベースにあるのは、かつて「日本国有鉄道（国鉄）」によって運営されていた鉄道システムの完成度の高さであり、それが機能していた時代に対する郷愁の念である。国鉄が完全に分割民営化されてから四半世紀近くを経てもなお、「国鉄時代」を懐かしむ思いは消えないようだ。

２０１０年12月号の特集は、まさに「現役国鉄形２０１１」。国鉄時代の名残である現役車両を、一種の文化的な「絶滅危惧種」として写真入りで紹介するという企画だった。だが不思議なことに、そこにはあまり悲壮感がない。むしろ淡々と、別れを惜しむ風情がある。旧型車両が引退しても、つねに新型車両が登場し、それらもいずれ引退していく、という栄枯盛衰を鉄

LINKS ☞

鉄道ファン

道ファンは知り尽くしているのだろう。ファンの裾野が広がったことで、蒸気機関車のような旧車両が観光用に現役復帰するケースも増えている。鉄道趣味はもはや、一種の「道」となった感がある。鉄の道は長く、深い。

POSTSCRIPT

『鉄道ファン』は2011年4月号で通巻600号を迎え、同年7月号で創刊50周年を迎えた。エディトリアル・デザインの見事さが謎だったが、ウィキペディアには創刊編集長の萩原政男氏が元車体デザイナーだったとの記載があった。創刊当初の号をネットで調べてみると、たしかにデザインにはこの頃から一定の方向性があることが確認できる。表紙上部に白いスペースを置き、黒字でシンプルなロゴを入れるモダンなデザインは最近また流行っているが、『鉄道ファン』は創刊時からこうなのだ。このブレのなさはすごい。古きよき趣味誌よ、どうか永遠にこのままで!

『天文ガイド』

誠文堂新光社

1965年創刊。毎年同じように星は空をめぐるのになぜか買っていた。難しいことはわからずとも美しい天体写真と天体望遠鏡の広告さえみていれば幸福だった。星空へのロマンをかきたてる天文雑誌の老舗はいまも健在。(定価780円)

『アサヒカメラ』

朝日新聞出版

1926年創刊。ライバル誌『日本カメラ』ともども、銀塩からデジタルへの移行を難なく乗り越えたのは、日本人のカメラ好きあってのこととはいえ快挙といってもいいのでは。木村伊兵衛写真賞の発表媒体でもある。(定価960円)

5

「女子」雑誌が面白い

「婦人雑誌」がほぼ消滅し、「女性誌」もなんだか時代遅れにみえるなかで、いわゆる「女子」向け雑誌の元気がいいようにみえる。その影響は幅広い雑誌のデザインやインターフェイスにまで及び、これまで男子の牙城だった領域にも及びつつある。すべての雑誌はこれから「女子」化するのかもしれない。

ランドネ

山ガール向け雑誌はどこへ行く

古来から山岳信仰があり、娯楽としての登山もさかんだった日本には、**歴史の長い山岳雑誌**がいくつかある。1930年創刊の『山と溪谷』を筆頭に、1932年創刊の『ハイキング』（後に『新ハイキング』と改称）、戦後まもなく創刊された『岳人』などである。大正から昭和初期には、もっと多くの山岳雑誌があったという。

ところが最近、これらの伝統的な雑誌とはまったく違う、ガーリーな雰囲気を前面に打ちだした山の雑誌が、書店の店頭で目立つようになってきた。そうした雑誌が想定している読者層は、「森ガール」ならぬ「山ガール」。彼女らの好む登山用のファッションアイテムとして、「山スカート」なる言葉まで生まれた。

こうした雑誌の代表格が、2009年6月に枻出版から創刊された『ランドネ』だ。あまり聞き慣れない「ランドネ」という言葉は、「トレッキングや少々ハードな遠足」を意味するフランス語とのこと。本格的な登山には尻込みしがちな若い女性に向けて、カジュアルなアウトドア活動としてハイキングやキャンプをもっと気楽に楽しもう、というメッセージを送る雑誌である。

枻出版ではほかにもアウトドア雑誌を何誌かだしているが、『ランドネ』はあえてファッション誌やカタログ誌のようなつくりにしてあり、初心者にもとっつきやすい。こうした編集方針が当たって部数も順調に7万部まで伸び、2010年8月号から刊行サイクルも月刊誌となった。

ときならぬ「山ガール」ブームに乗り遅れまいと、山と溪谷社からも、2010年7月に『Hütte』が創刊されている。タイトルをドイツ語の「山小屋（ヒュッテ）」か

歴史の長い山岳雑誌　消えてしまった山岳雑誌のなかで、いまや伝説となっているのが串田孫一が責任編集をつとめた『アルプ』だ。1958～1983年にかけて創文社から発行され、300号で終刊となった。この名は詩人で登山家の尾崎喜八が発案したもので、尾崎や串田をはじめ、辻まことなど多くの文筆家や画家が作品を寄せた。『アルプ』は実用的な登山雑誌ではなく、一種の文芸誌だった。この雑誌を飾った文章は池内紀編による『ちいさな桃源郷』『山の仲間たち』（ともに幻戯書房）で読める。

らとるなど、『ランドネ』とは対照的な路線で、伝統的な山岳雑誌のテイストを残しつつ、カジュアル化した感じだ。とはいえ、表紙のロゴ周りに余白を大きくとったあしらいが酷似しており、同誌を意識していることは間違いない。『ランドネ』ではもの足りない、やや硬派な山ガールを読者層として見込んでいるのだろう。

どちらの誌面をみても思うのは、「山」は総合的なエンタテインメントであり、一大マーケットなのだな、ということだ。山登り用のウエアやツールから、カメラ（もちろん最近はデジカメ）や観光や食の話題までが、一つの雑誌のなかにパッケージできる。当然、これらの広告も期待できるというわけだ。

「山」はもはや都会の喧噪を離れて静かに大自然と向き合う場所ではなく、消費生活の延長線上にあるといえるだろう。かつての求道的な登山と、昨今の山ガール的なノリの最大の違いはそこにある。夏の野外音楽フェスの盛り上がりが、にわかに「文化系」山ガールを生みだした側面も大いにありそうだ。

『ランドネ』や『Hütte』をみたあとで老舗の『山と溪谷』を読むと、両者の違いがわかって面白い。『山と溪谷』の場合、山岳写真などのグラフィックにも力を入れ、ときに文学的で、ジャーナリスティックでもあり、カタログ雑誌でもある。やはり、山岳雑誌は昔から「山」をキーワードにした総合雑誌だったのだ。

『ランドネ』

2009年創刊（枻出版社）
公称発行部数　50,000部
定価680円（2011年現在）

『Hütte』

2010年創刊（山と溪谷社）
公称発行部数　80,000部
定価900円（2011年現在）

ランドネ

こうした総合雑誌風の生真面目さも決して悪くはないが、そこまで肩肘張らず、もっとカジュアルに楽しみたい、という潜在的な読者層が、山の場合は大量にいた。雑誌のつくりがどのジャンルでも全体にカタログ化、「女子」化しているのには、それなりの理由があるのだろう。

POSTSCRIPT

iPadに対応した『Hütte』の電子雑誌版がでていたのでさっそくみてみた。アメリカで『WIRED』などが採用しているのと同じインターフェイスで読みやすい。山の風景写真や食べもの、「山ガール」御用達のファッション・アイテムなどは液晶画面の写真でよく映える。ウェブの広告との対応もスムーズで、これは流行りそうだと感じた。東京国際ブックフェアでデモンストレーションされていた、富士山頂からの360度パノラマ写真も美しい。こうした新しい試みは、女子向け雑誌だけに独占させる手はないと思う。

『ku:nel』

マガジンハウス

2002年創刊。マガジンハウスらしさを感じた最後の新雑誌。有山達也氏によるシンプルでモダンなデザインは、誌面のレイアウトから造本仕様に至るまで、後続のあらゆる「女子」風雑誌に決定的な影響を与えている。（定価680円）

『BE-PAL』

小学館

1981年創刊。創刊から30年を迎えるアウトドア情報誌。初期『POPEYE』のようなモノへのこだわりが男の子っぽく、実用的ではあるが女子色は薄い。家族をキャンプやアウトドアに連れ出したいお父さん御用達？　（定価580円）

『住む。』

泰文館

2002年創刊。建築だけでなく、道具や食、農業にいたる多様な視点から「住まいと暮らし」をとらえる雑誌。大判の誌面を彩る写真が美しく、執筆陣も豪華。「家ガール」（？）にオススメ。（定価1,200円）

COLUMN

オヤジ趣味の「女子」化

山ガールに森ガールと、「女子」旋風はとどまるところを知らないが、雑誌の世界にも着実に「女子」化の波は押し寄せている。本文で紹介した『ランドネ』『Hütte』が山岳雑誌を「女子」化したものだとしたら、それより一足先に同じ現象が起きたのがカメラ雑誌だ。長らく『アサヒカメラ』（1926年創刊）と『日本カメラ』（1950年創刊）のオヤジくさい2誌体制だったところに、よりカジュアルな『CAPA』が創刊されたのが1981年。さらに90年代以後の若い女性の間での写真ブームとデジカメの低価格化・高機能化にともなって、いっそう「女子」度を増した雑誌が登場している。2004年には第一プログレスから『カメラ日和』が創刊され、2007年にはインフォレストがその名もズバリ『女子カメラ』を創刊。他にも続々と類似誌が登場している。カメラといえば男の道具、というかつての印象は完全に逆転し、いまや極めてガーリーなアイテムになった。登山、カメラときて、この次に「女子」化するのはどのジャンルか。オヤジ趣味の「女子」化の流れから目が離せない。

sweet

オマケ付き雑誌の旗艦誌 100万部突破の理由

宝島社の雑誌『sweet』の発行部数が、2010年9月号で同誌史上最高の107万部を突破した。

同誌をフラッグシップに、『InRed』『spring』『mimi』など、ターゲット読者ごとに細かくマーケティングした宝島社の一連の女性誌は、雑誌不況が伝えられるなかでも破竹の勢いをみせ続けている。宝島社はさらに、2010年10月には『InRed』より上の読者層を狙った40代向けの新雑誌『GLOW』を創刊し話題を呼んでいる。

いま書店やコンビニの店頭で女性誌コーナーに行くと、大半の雑誌にトートバッグなどの付録がついており、本を売っているのか雑貨を売っているのか、よくわからない状態である。こうした女性誌に付録をつける手法も宝島社が先鞭をつけたもので、他社の女性誌のみならず男性向けのファッション誌にも広がっている。00年代に入ってから顕著になったこうした動きに対して、ついに雑誌もここまで落ちぶれたか、と嘆くこともできるが、消費者に歓迎されている以上、なんらかの理由があるはずだ。

1989年に『CUTiE』が創刊されるまで、宝島社はとくに女性誌に強い出版社ではなかった。1993年に現在の社名になる以前、まだJICC出版局と名乗っていた頃の同社のイメージは、もっぱらサブカルチャー色の強い雑誌『宝島』やムックの『別冊宝島』によって担われていたし、その主要な読者は男性だった。『宝島』という名の雑誌は現在も存続しているが、90年代以後はサブカルチャー色を一掃し、ヌード雑誌から経済誌までさまざまにかたちを変えつつ迷走を続けている。

社名の由来であるかつての主軸雑誌でさえ、時代に合わせて融通無碍に変化させなが

『CUTiE』 バンド・ブームの最中だった1989年に、当時はサブカルチャー色が強かった『宝島』の女の子版として創刊された。名作『リバーズ・エッジ』をはじめとする岡崎京子のマンガが連載されたのが1990年代の前半、そして90年代後半から2000年代初めにかけては、『ジェリービーンズ』など安野モヨコのマンガが連載されていた。"for INDEPENDENT GIRLS" をキャッチフレーズとしていたこの雑誌こそが、のちに宝島社が創刊する一連のストリート志向のファッション誌の原点といえる。

ら、宝島社は出版不況の20年間をなんとか生き延びてきた。そしていつの間にか、出版業界でも指折りの優良企業に変身したのである。

話を女性誌に戻そう。40代女性向けの新雑誌『GLOW』の創刊をこの時期に決めたことから推測すると、現在の宝島社の女性誌ブームを支えている読者層のいちばん上の世代は、おおよそ1970年前後生まれということになる。ようするに、1989年に創刊された『CUTiE』の読者だった世代である。

彼女らの世代をほぼ頂点に、その後の日本は長期の不況とデフレの時代に入る。宝島社の女性誌に掲載されているアイテムの値段は、「ファッション雑誌」という言葉から男の読者が連想する価格帯よりかなり低いように感じる。20代後半向けの『sweet』はもちろん、働き盛りの30代向けの『InRed』でさえ、高級感を打ちだすというよりは、なんというか、安っぽく感じるギリギリ手前のリーズナブルな価格帯で、おシャレでさまになるアイテムを揃えている印象なのだ。

バブル経済の時代とは対照的な、長期化するデフレ経済のもとでは、ファッション誌がこのような戦略をとるのはやむを得ないし、むしろ合理的ともいえる。悪くいえば、ファッション誌がかつてのような高踏的な文化を失い、たんなる「カタログ雑誌化」したともいえるが、裏を返せばファッションというものが「憧れ」や「見栄」ではなく、消費のたんなる一形態として日常生活に根づいた証拠といえる。

『Sweet』
1999年創刊（宝島社）
販売部数　576,894部（2010年7～12月、日本ABC協会調べ）
定価は号によって異なる

こうしてみると、宝島社の女性誌の付録が主にトートバッグであるというのも、戦略として理解しやすくなる。じっさいに手にしてみると、生地や縫製はもっていて惨めな気持ちになるほどではなく、かといって採算を度外視するほど上質でもない、絶妙のラインでつくられている。し

sweet

かもアナ・スイやロエベ、ローラ・アシュレイなど、女性のファッション事情にさほど詳しくない男でも名前ぐらいは聞いたことがある一流ブランドを揃えている。実用性とブランド感覚のバランスが絶妙だ。いくら他社の女性誌が同じように付録を付けはじめても、宝島社の雑誌が一歩図抜けている理由は、このバランス感覚にあるのではないだろうか。

「カタログ雑誌」は宝島社の原点でもある。サブカルチャー色が強かった時代の『宝島』を象徴する「全都市カタログ」という特集（のちに『別冊宝島』1号としても刊行）は、1960年代アメリカ西海岸文化の聖典だった『Whole Earth Catalog』をそっくりそのまま真似した企画だった。また初期の『別冊宝島』には、フェミニズム的な企画も多かった。実用的トートバッグが付録につくカタログ的な女性向けファッション誌は、宝島社が初発の思想を失った結果というよりも、カタログ雑誌的な発想に「かくあるべし」という お題目が必要がなくなり、現実に根を下ろした結果ともいえなくもない。

オマケ付きであることは共通でも、宝島社が発行する女性誌の誌面を詳細に見比べてみると、それぞれ味わいが違う。『sweet』にはほとんど読み物らしい記事はないが、年長世代に狙いを定めた『InRed』にはどこかサブカルチャー雑誌の匂いがする。雑誌の後半にわずか16ページだけある2色刷りのカルチャー記事欄「It's Culture Time!」からは『宝島』の遠い面影さえ感じられる。

さて、『sweet』の発行部数が107万部を突破したのを記念して、宝島社では2010年8月14・15日の両日に渋谷と原宿間で無料バスを走らせ、人気のショッピングスポットに読者を案内するという。この話を聞いて、1960年代にケン・キージーとメリー・プランクスターたちが乗った伝説のバス「Further号」を思いだした。ジャック・

ケルアックの『路上』の登場人物ディーン・モリアーティのモデルであるニール・キャサディが運転手をつとめ、ヒッピーたちを乗せてアメリカ全土を縦横に駆けめぐったサイケデリック・カラーの魔法のバスは、資本主義を否定するヒッピー・カルチャーの象徴だった。

２０１０年代のグローバリゼーションとデフレ経済という現実のもとで、それでも資本主義にしがみつかざるを得ない女性ファッション誌読者と、半世紀前のヒッピー文化はまったく似ても似つかぬものだ。それでも、両者の間にはなにかしら架け橋があるかもしれない。『sweet』の読者を乗せて渋谷と原宿の街を走る無料バスが、たんなる「お買い物ツアー」のための便利な足にとどまらず、どんな時代にもいるはずの、自由に生きたいと思う若い世代が同じバスに乗り込むことで生まれる「魔法」をみせてくれたことを祈りたい。

POSTSCRIPT

オマケ付き雑誌のブームは行き着くところまで行った感がある。もはやオマケは付いているのが当たり前で、あらゆる世代向けの女性誌に行き渡っただけでなく、男性向け雑誌にも広がった。すべての雑誌がオマケ付きになれば、差異化のための手段だったはずものが、やめたくてもやめられない拘束条件になる。膨大な返品をあらかじめ見込んだ発行部数１００万部という物量作戦は、「雑誌」というメディアの一つの極限をみせてくれた。でも、逆の考え方をすることもできる。オマケ付きが当たり前になってしまえば、結局のところ大事なのはオマケではなく誌面ということになる。いつか、この「オマケ付き雑誌バブル」の時代を笑って思いだせるような日が訪れますように。

LINKS ☞

『GINZA』

マガジンハウス

1997年創刊。2011年春の全面リニューアル後、大人っぽさよりカワイさ、女子力重視へ路線変更。やくしまるえつこや星野源の連載がはじまるなど、「銀座」的高級路線から一転してサブカル風味導入の結果はいかに。（定価680円）

『Numéro TOKYO』

扶桑社

2007年創刊。本家『Numéro』は1999年に創刊されたアヴァンギャルドなファッション雑誌。高踏派の雰囲気は日本版でもかなり踏襲されている。JAPANではなくTOKYOと名乗ったところにも都会派の意地を感じる。（定価700円）

『ELLE JAPON』

ハースト婦人画報社

1989年創刊。フランスをはじめ世界中に展開する女性誌『ELLE』の日本版。発行元はマガジンハウスから途中でタイム・アシェット・ジャパンへと変わり、現在のハースト婦人画報社へといたる。（特別定価750円）

Mart

郊外型マダム向け生活情報誌『Mart』が支持される理由

『Mart』という雑誌が好調だそうだ。雑誌不況下にあっても順調に発行部数を伸ばし、2008年4~6月の時点では12万4000部だったのが、10年1~3月には18万7000部に達した。約2年で1・5倍の部数増である。

数年前から、「Mart族」という言葉さえ生まれているという。『Mart』の読者層の中心をなす、大都市の郊外に住む30代の既婚女性（その大半は専業主婦）のことだ。彼女らの口コミによってヒットした商品は多く、その消費傾向に注目が集まっている。たとえば**「食べるラー油」**のブームの火付け役もこの雑誌だった。この好調の理由はいったいなんだろう。

『Mart』の誌面をみた第一印象は、「雑誌」というより、これは一種の「カタログ」なんだろうな、という感じである。いわゆる「カタログ雑誌」という意味ではなく、もっとストレートに、「通販カタログのような雑誌」なのだ。『クロワッサン』や『ESSE』といった競合誌と見比べてみると、『Mart』には誌面にホワイトスペースが極端に少ない。量販店の圧縮陳列を思わせるが、これは意識的なデザインだろう。

この雑誌の最大の特徴は、あくまでも読者と同じフラットな目線でつくられていることだ。文学者や有名タレントを起用することなく、記事の大半に一般の読者が登場し、その顔写真とコメントがついている。最近の言葉でいう「上から目線」を徹底的に排除した徹底したこのフラットな手法に、どうやら好調の秘訣がありそうだ。『Mart』の発行元である光文社はかつて、読者モデルの起用でファッション誌『JJ』を大成功させたことで知られる。『Mart』は、その「生活情報誌」版ともいえるかもしれない。

「食べるラー油」 ブームの発端をつくったのは2009年に桃屋が売りだした「辛そうで辛くない少し辛いラー油」。これが話題となり品薄状態が続いたため、相次いで類似商品が登場した。「食べるラー油」ブームは短期間で収束し、食品の安全性への危機意識が高まった福島第一原発事故後のいまから思いだせば、食べもののガジェット化とでもいうべき、無意味な騒ぎだったとしか思えない。

『Mart』

2004年創刊（光文社）
印刷証明付発行部数　205,800部（2011年4～6月、雑協調べ）
販売部数　142,076部（2010年7～12月、日本ABC協会調べ）
特別定価620円（2011年現在）

『Mart』の誌面は、インターネットのSNS（ソーシャル・ネットワーキング・サービス）にも似ている。一つひとつの記事は短く、歯切れがいい。読者が身近に感じるであろうほかの読者が「おススメ」する、生活上のちょっとしたヒントが、誌面を端から端まで埋めている。

活字中心の「読む雑誌」に対して、ビジュアル中心の「みる雑誌」といういいかたがあるが、この雑誌はもはや「見る雑誌」でさえない。誌面はこまごまとした「Tips」の集合体であり、読者は必要な情報をすばやく得たら、さっさと通り過ぎていく。それでいい、という割り切りのもとでつくられている雑誌であり、だからこそ、生活に彩りを求めたいが、現実には超多忙であるに違いない既婚女性に支持されているのだろう。

こうした対象との距離感は、IKEAやコストコといった「Mart族」のマダムが好む大規模量販店とその客の関係と似ている。製造業の現場では、「プロダクトアウトからマーケットインへ」という言葉で、供給側の論理から消費者ニーズ優先への転換がよくいわれるが、『Mart』が行っているのは、雑誌におけるこの種の価値転換である。

『Mart』がめざすのは、「良妻賢母」という言葉に象徴される、古めかしいイメージの打破だという。「主婦」ではなく「マダム」と呼ばれる彼女らは、母や妻といった家庭人である以前に、独身時代と同様に生活を楽しみたい、一人の「消費者」であり「個人」なのだ。ただしこの「消費者」は、かつての高度経済成長～バブル時代とは異なる。いわばデフレ経済のもとで、自己防衛的にふるまう「消費者」だ。

『Mart』の誌面で紹介されている「かわいい」「お洒落」の慎ましさたるや、コストコで買った大型の食料品の空き缶をインテリアにつかったり、レトルト食品にひと手間かけるだけの簡単な料理のレシピなど、涙ぐまし

Mart

いほどささやかなものである。なんのことはない、「Mart族」こそ、現代の「庶民」なのかもしれない。

POSTSCRIPT

この雑誌が好評である理由が、じつのところいまでもまだピンとこない。その時点で、自分は古い世代の人間なのだと痛感する。IKEAとかコストコといったウエアハウス（倉庫）型の販売ビジネスは、車による移動が当たり前の郊外在住者に向けた小売サービスだが、これらと親和性の高いということは、『Mart』の読者が暮らすのも大都市の郊外エリアなのだろう。戦後の雑誌は、アメリカ的な消費生活への憧れを原動力にしたものが多かった。「憧れ」が達成され、日本とアメリカの社会が似たものになっていくにつれ、「実用性」が雑誌にとって大事な要素になっていくのは当然かもしれない。雑誌の変化は、いつでも社会の変化を反映している。

LINKS ☞

『暮しの手帖』

暮しの手帖社

1948年創刊。カリスマ的編集長、花森安治の時代は100万部を突破した伝説の雑誌。2007年の通巻376号から松浦弥太郎氏を編集長に迎え、若返りと現代化を図るも花森時代の幻影と決別しきれず中途半端な印象。（定価900円）

『婦人公論』

中央公論新社

1916年創刊。論壇誌風のA5判から大判のビジュアル誌に切り替えた1998年のリニューアルが成功し、休刊相次ぐ「婦人雑誌」の孤塁を守る。篠山紀信撮影の表紙やレイアウトはオシャレだが内容はけっこうエグい。（定価550円）

COLUMN

休刊雑誌が「復刊」するとき

雑誌の休刊が思いがけず大きなニュースになることがある。昨今では『ぴあ』首都圏版の休刊（2011年8月4・18合併号）が話題になった。1972年の創刊から約30年続いた雑誌なので、往時の読者が休刊を惜しむ気持ちはよくわかる。しかし、ネットとケータイの時代に情報誌が生き残るのは難しい。首都圏版に先立ち『ぴあ』関西版と中部版は前年に休刊しており、この本の発行元である京阪神エルマガジン社も看板雑誌の『L magazine』を2008年に休刊させている。首都圏で『ぴあ』と競合していた『CITY ROAD』は1994年に休刊。私はこの雑誌の最終期に在籍していた。正直、『ぴあ』や『エルマガ』はよくやったと思う。長い間、お疲れさまでした。

さて、消える雑誌あれば復活する雑誌あり。2011年3月の東日本大震災の後、休刊（事実上の廃刊）したはずの雑誌がいくつも蘇った。被災地の状況をビジュアルに伝えるため、大判のグラフ雑誌『アサヒグラフ』と写真週刊誌『FOCUS』が「緊急復刊」。また2009年に1号のみの「怒りの復刊」を遂げていた『朝日ジャーナル』も、『週刊朝日』緊急増刊として再登場した。さらに1996年に休刊した精神医学雑誌『imago』も、『現代思想』臨時増刊号としてやはり「緊急復刊」した。これらの「復刊」雑誌がこの後も継続的に発行される可能性は低いが、一時代を築いた雑誌のブランド価値は単発でもそこそこ効果的ということだろう。とはいえ、やはり休刊雑誌の「復刊」はどこかゾンビ感が漂う。休刊雑誌たちよ、R.I.P（安らかに眠れ）！

『OZ magazine』は『Hanako』を超えられるか？

「エリア・マガジン」という雑誌のジャンルがある。特定の都市に特化した「タウン情報誌」ではなく、首都圏や関西圏といった広域エリアを対象に発行され、圏内にある街や観光地を順次特集していくようなタイプの雑誌のことだ。

その代表が、88年に首都圏のエリア・マガジンとして創刊された『Hanako』である。男女雇用機会均等法施行以後に社会進出した、新たな消費者層としての活発な女性たちの登場が、この雑誌を浮上させた原動力だった。『Hanako』は「女性向けライフスタイル提案型雑誌」として大成功を収め、「Hanako族」なる言葉さえ生んだ。

『Hanako』は2008年7月に完全リニューアルして判型を大型化し、都内の人気エリア特集だけでなく、カフェやホテル、スイーツなどのテーマ特集をさかんに組んでいる。

そんな『Hanako』の競合誌の一つが、スターツ出版の発行する『OZ magazine』だ。やはり08年夏に大きなリニューアルを行い、隔週刊から月刊になったが、リニューアル後、部数でも両誌はほぼ互角の戦いをしている。

毎号モデルのKIKIが表紙を飾り、雑誌のイメージに求心力ができたことが成功のポイントだろう。往年のマガジンハウスの雑誌『Olive』の全盛期を知る世代としては、当時モデルの市川実和子・実日子姉妹が担っていた役割を彷彿とさせる。誌面の雰囲気も、『kunel』やそのフォロワー雑誌の自然な空気感を、うまくとり入れている。

リニューアルから1年後の2009年8月号の特集は「いただきます！　おいしい野菜」。決して目新しくはなく、むしろ手堅い企画だが、パラパラとページをめくると、いまの雑誌デザインに求められている「余白感」や「ゆるさ」を確保しつつ、「普通だけれ

ケータイ小説　『Deep Love』のベストセラー化をきっかけに、多くのケータイ小説が生まれた。主な読者は郊外や地方都市に住む10代の女性たちであり、これらが紙の本として商品化したところベストセラー作品がいくつか生まれたため、出版業界では「ケータイ小説本」ブームが起きた。「魔法のiらんど」の作品を出版する「魔法のiらんど文庫」も創刊されたが、2010年にアスキー・メディアワークスの一部門となった。「ケータイ小説」と入れ替わるようにして2009年頃から巻き起こったのが、中高年男性を中心とする「電子書籍」ブームであるのは意味深長である。

ど、そこそこ洗練されてる」という安心感を与えている。同じ時期の『Hanako』の「東京カフェ案内」という特集が、いかにも手慣れたルーチン作業だな、という印象を与えるのに比べ、『OZ magazine』の奇をてらわないふつうさは、かえって新鮮にみえる。

スターツ出版は東京都の東部から京葉地域にかけてを地場とする不動産会社が母体の出版社だ。02年のYoshiの『Deep Love アユの物語』と、06年のケータイ小説の大ヒット作、美嘉の『恋空—切ナイ恋物語』の書籍化で、その名は多くの人に知られるようになった。女性向けの「OZモール」というポータルサイトも運営しており、ネットに強い会社というイメージもある。だが、出版社としてはあくまでも「異業種参入組」であり、業界の本流からはほど遠いところにいる。でも、リニューアル後の『OZ magazine』の評判は、そうした印象を徐々に払拭するかもしれない。

2008年から同誌編集長をつとめているのは、古川誠氏。毎号、巻頭に彼からのメッセージが掲載されている。たとえば先の号の巻頭にはこんな一文がある。

「夜道でどこからかそっと花が香るように、雨上がりの夜空にいちばんキレイな月が浮かぶように、大切なことはなかなか見えづらいようです。私たちの毎日にある、悲しみや、痛みや、悩みは、きちんと食べて、よく眠って、それから考えたほうがいいと思う

『OZ magazine』
1987年創刊（スターツ出版）
印刷証明付発行部数　87,354部
（2011年4～6月、雑協調べ）
特別定価580円（2011年現在）

『Hanako』
1988年創刊（マガジンハウス）
印刷証明付発行部数　76,584部
（2011年4～6月、雑協調べ）
定価500円（2011年現在）

Hanako

「この頃です」

なにかをあおり立てるメッセージでもなく、エコや自然回帰を促すお説教でもない。等身大の文体だけど、「悲しみ」「痛み」といった、あまりこの手の雑誌ではみられない言葉を、気にせずさらっと書いてしまう。このケレン味のなさが、リニューアル後のこの雑誌が共感をあつめている理由かもしれない。

この雑誌の印象は、マガジンハウス的なセンスエリート向けの「洗練」とは違う。もしかしたら「ケータイ小説の読者」とも通じるかもしれない、悲しみや痛みを抱えた「普通の人たち」に向けた、別のかたちの「洗練」なのだ。

POSTSCRIPT

『Hanako』と『OZ magazine』を比べると、私のなかではやはり『Hanako』のほうにシンパシーを感じる。都会風で小洒落た『Hanako』と、どこか野暮ったい『OZ magazine』。二つの雑誌の関係は、最初の章でとりあげた『BRUTUS』と『Pen』の関係に似ている。でもマガジンハウス的な洒脱さは、業界くささとウラオモテであったりする。それよりは、野暮ったいかもしれないけれど、親近感を抱ける、等身大の雑誌のほうが好まれる傾向は、とてもよいことなのかもしれない。

LINKS

『サライ』

小学館

1989年創刊。広告マーケティング上はシニア向け男性誌。悠々自適世代に食・旅・娯楽を紹介する生活誌だが、癒し系雑誌として意外に女性読者も多そう。「おじいちゃんとホッコリしている感じ」なのでしょうか。(定価650円)

『散歩の達人』

交通新聞社

1996年創刊。中央線沿線や多摩地域、城東地域など、繁華街から一歩離れた渋いエリアをとりあげることが多い。「大人のための首都圏散策マガジン」と銘打つが、意外と「散歩ガール」御用達。(定価580円)

『BIRD』

ユーフォリアファクトリー
TRANSIT編集部

2011年創刊。個性派トラベル・カルチャー誌として定評のある『TRANSIT』のガールズ版。創刊号のテーマは「アメリカ」。住み慣れた町に飽きた女子たちをロード・ムービー風の気ままな旅へと誘う。(定価1,050円)

6

グローバル化の時代に、ローカルに行動せよ

面白い雑誌は、公明正大というより、視点がどこか偏っていることが多い。自分の立ち位置をはっきりさせている人のほうが、八方美人より信頼できるように、東京中心主義ではないローカルマガジンや、町のカフェがこっそりだすフリーペーパー、あるいは企業のＰＲ誌のもつ、ちょっとした「偏り」がかえって面白いのだ。「中心」から少しズレたところから、雑誌の世界を見直してみよう。

GRAPHICATION

グラフィカルでありながら活字満載の硬派PR誌

活字の読み物を中心とする硬派の論壇誌やノンフィクション雑誌、つまり「読む雑誌」だけでなく、洗練されたグラフィカルな誌面を売りにしてきた「見る雑誌」までが、長引く不況の影響で軒並み苦戦している。硬軟を問わず、著名な雑誌が相次いで休刊していくなか、「雑誌」そのものについての特集企画を雑誌上で目にする機会が増えている。

富士ゼロックスが発行するPR誌『GRAPHICATION』が、2009年9月の164号で「雑誌を考える」という特集を組んでいることを、ネット上の新聞コラムで知った。企業PR誌には、書店で有料販売しているものもあれば、購読料をとらずに希望者のみに配布するものもある。『GRAPHICATION』は後者で、ウェブ（http://www.fujixerox.co.jp/）から購読が申し込めると知り、さっそくこの号から定期購読をはじめた。

数日後、郵送で届いたこの号を読みはじめた。津野海太郎と池内紀による「雑誌ってなんだろう——読む雑誌、見る雑誌、めくる雑誌をめぐって」という長い対談がメイン記事で、そのほかに山崎浩一が「ウェブ時代の雑誌論」、佐野眞一が「雑誌の社会的使命」という文章を寄稿している。連載エッセイで池内了も「科学の雑誌」について書いており、これがことのほかよかった。

池内氏曰く、科学の世界には、学術論文を掲載する「ジャーナル」と、一般向けの「マガジン」がある。科学雑誌の先進国アメリカでは、公共性を担うべき科学ジャーナルが商業出版社の参入で高額化し、ネットへの移行を進めている半面、一般向けの科学マガジンは、サイエンスライターという職業が成立しうるほど、裾野の広い読者に支えられ

『GRAPHICATION』

1967年創刊（富士ゼロックス）
発行部数　10,000部（ホームページに記載されている）
http://www.fujixerox.co.jp/company/public/graphication/about.html
無料

ている、というのだ。

「雑誌」というメディアをめぐる、こうした読み応えのある記事に加えて、この号には**マグナム**の写真家レイモン・ドゥパルドンのモノクロ写真が6ページにわたり掲載されている。写真をふんだんに交えたドキュメンタリーの記事も何本もある。表紙をふくめわずか48ページの小冊子にもかかわらず、オールカラーで広告なしということもあり、読み応えたっぷりなのである。

バックナンバーを何号分か手に入れたので、まとめてパラパラとページをめくっているうち、「雑誌が面白かった時代」の記憶がどんどん蘇ってきた。『GRAPHICATION』の佇まいには、ある時代までの雑誌の雰囲気が色濃く残っている。

硬派の人文雑誌を思わせる現在の『GRAPHICATION』だが、1967年の創刊当初は、第一線のクリエイターが登場する、当時の言葉で言えば「アングラ」色の強い雑誌だったという。判型は正方形。見開きにすると、ちょうど映画のシネスコサイズになる。アバンギャルドな内容にふさわしく、デザインも過激だった。

1982年からは現在のA4変型判となり、刊行ペースも月刊から隔月刊になった。80年代は「科学技術」、90年代以後は「環境」、2000年頃からは「人の生き方」と、雑誌の中核テーマは変遷し、毎年一つの通しテーマを設定している。

ちなみに2011年度のテーマは「未来につながる生き方を考える」。企業PR誌がここまで硬派でいいのかと思えるほど、根深い社会問題を真正面からとりあげている。「売れるか、売れないか」をきびしく問われる商業誌と、誌面の質だけが問われるPR誌とを単純に比較することはできないが、本当の意味でどちらをつくるのが大変だろうか、などと余計なことまで考

マグナム・フォト(Magnum Photos)　1947年にロバート・キャパやアンリ・カルティエ＝ブレッソンらによって結成された、写真家や写真家・フォトジャーナリストの権利と自由を守り、主張していくことを目的とする集団。日本人では久保田博二氏が正会員として参加。濱谷浩氏も寄稿写真家として参加していたことがある。現在はニューヨーク、ロンドン、パリ、東京に事務所があり、ワールドワイドなフォトエージェンシーとして機能している。

えてしまう。

『GRAPHICATION』のデザインと編集は、1969年という黎明期からル・マルスというちいさな編集プロダクションが、ずっと手がけているという。それを知って、この雑誌から感じる不思議な印象の謎が解けた。『GRAPHICATION』の誌面はオーソドックスではあるが、決してレトロではない。流行を追うことはしないが、同時代性は失っていない。なんというか、すぐれた職人技に触れたときに似ているのだ。この雑誌から感じる「雑誌らしさ」は、それをつくっている人のもつたしかな存在感に負っている。だからこの雑誌の誌面からは、国籍や性別や世代を超えた、同時代を生きている人々の息づかいが聞こえてくるのだろう。

POSTSCRIPT

2ヵ月に一度、郵便で送られてくる『GRAPHICATION』の封を開くのが楽しみだ。震災後に届いた174号で一番心に沁みたのは、写真集『アナトリア』(クレヴィス)に収められた鬼海弘雄氏の6葉のモノクロ写真だった。被災地の映像をみすぎてかえって想像力をなくしかけていたが、トルコのアナトリア地方で暮らす人々の姿をとらえた写真は、世界には自分とはまったく異なる環境で幸福に暮らしている人がたくさんいるという当たり前のことを思いださせてくれた。

『てんとう虫』

アダック

1969年創刊。毎回特集のテーマを変え、写真をふんだんにつかった贅沢なつくりの大判の雑誌。UCカード会員向けPR誌なので目にする機会は少ないが、バックナンバーは非会員でも購入が可能。

『花椿』

資生堂

1937年創刊、戦中戦後は休刊したが1950年に復刊した。創刊70年となる2007年に長くアートディレクターをつとめる仲條正義氏のもとでリニューアルし、現在は『よむ花椿』『みる花椿』の2誌態勢。(無償配布のほか有料でも販売)

COLUMN

ミニコミ、ジン、インディーズマガジン（その1）

アマチュアの個人や集団によって発行される雑誌やフリーペーパーを、マスコミの対義語で「ミニコミ」と呼んだ時代がある。手書きやガリ版、コピー機や簡易印刷といった手軽な手段でつくられた出版物全般のことであり、いわゆる「同人誌」も含まれる。

パーソナル・コンピュータとDTP（デスクトップ・パブリッシング）が普及したことで、90年代以後、こうしたメディアがさらに増えた。1999年に出た『ミニコミ魂』（串間努編、南陀楼綾繁ほか著／晶文社）には200ものミニコミが紹介されており、当時の活況がよくわかる。

「ミニコミ」は和製英語だが、ほぼ同じ意味で「ジン（zine）」という言葉がつかわれることもある。Magazineの後半部分をとったこの言葉は、SFやマンガ、ロックなどのファンがつくった雑誌を意味する「ファンジン（fanzine）」がルーツ。80年代から一足早くDTPが普及していたアメリカでは、『ファクトシート・ファイブ（Factsheet Five）』という、さまざまなジャンルのジンの情報を網羅する雑誌も登場した。

ジンがとりあげるテーマはポップカルチャーだけでなく、政治や社会にかかわるものも多い。少女たちのつくるジンの歴史を跡づけたアリスン・ピープマイヤーによる『ガール・ジン〜「フェミニズムする」少女たちの参加型メディア』の訳者である野中モモ氏は、「Lilmag」（http://lilmag.org/）というサイトで、内外のこうしたジンの紹介と販売を行なっている。また東京の［タコシェ］（http://tacoche.com/）や［模索舎］（http://www.mosakusha.com/）では、サブカルチャーから政治にいたるまで、硬軟さまざまな「ジン」や「ミニコミ」を手に入れることができる。

kate paper

読み応えたっぷりな
カフェ発のフリーペーパー

最近、本を置いてあるカフェが増えた。ことさら「ブックカフェ」などと名乗らなくても、伝統的な「喫茶店」が雑誌や新聞を置いているかわりに、店の雰囲気にあった本を置くことが、インテリアにもなり客へのサービスにもなるのだろう。

そんな店の一つで、今回紹介する『kate paper』と出合った。

２００６年に東京の下北沢で店を開いた［kate coffee］では、07年から年に一度のペースで、『kate paper』というフリーペーパーを発行している。Ｂ５判、64ページ、軽くて柔らかい紙に1色刷り。余白をたっぷりとった瀟洒なレイアウトはこの店の雰囲気に似合っているが、ページをめくると骨のあるテキストがぎっしり詰まっている。

このカフェを経営する三人兄妹の長兄・藤枝憲氏は「Coa Graphics」というデザイン会社と「Coa Records」という音楽レーベルを運営しており、以前は『Coa』『Far』といったインディ雑誌も発行していた。90年代に入るとDTP（デスクトップ・パブリッシング）による本の制作が一般化し、文字主体だったそれまでの「ミニコミ」とは一線を画したグラフィカルなインディ雑誌が次々と生まれてきた。『Coa』や『Far』も、そうしたインディ雑誌ムーブメントの一翼を担っていた。

同じ頃、藤枝氏らは音楽レーベルも立ちあげる。デザイン会社が音楽レーベルを主宰し、雑誌も発行する、という多面的な活動は、ある世代から下の人たちにとっては、むしろふつうのことになりつつある。雑誌をだすために出版社に入る、CDをだすためにレコード会社に入る、という「就職」を前提とした考え方ではなく、自分たちのライフ

DTP　デスクトップ・パブリッシング（Desktop Publishing）の略。この技術が登場したことで、パソコンのなかで出版物のプリプレス作業が完了し、そのまま出力すれば完全な印刷物ができるようになった。おかげで雑誌のつくり方は大きく変わった。話題の電子書籍は読書のスタイルにおける変化でしかないが、DTPは生産プロセスのほうを根本から変えてしまったのだ。どちらがグーテンベルク以来の革命的な出来事だったかといえば、DTPに決まっている。

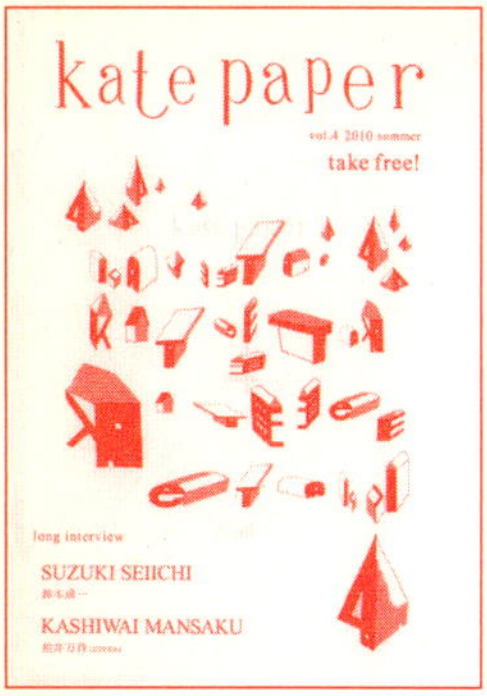

『kate paper』

2007年創刊（kate coffee）
公称発行部数　8,000部
無料

スタイルから自然に立ちあがる「音楽」や「メディア」への興味を、そのままモノやかたちにしていく作法を身につけた、新しい世代が確実に育っているのだ。

創刊号からずっと読者として楽しんできたこの雑誌に、２００９年の夏に発行された3号目で初めて寄稿する機会を得た。村上春樹の『１Ｑ８４』について書いた文章の依頼枚数はなんと40枚。小説についてこれだけ長い文章が書ける場は、文芸誌でもないかぎり、いまどきなかなか得られない。編集長の藤枝憲氏はこう語る。

「自分がそうなのですが、カフェや喫茶店に行くと必ず活字が読みたくなるので、［kate coffee］にはできるだけ多くの本を置いています。その延長で、お店オリジナルのもち帰り可能な読み物があったらいいな、というところからスタートしました。あくまでも文字量が多く、じっくり読み応えのある内容を目指しています」

ちなみに3号の発行部数は累計８０００部。1号は２０００部、2号は３０００部からスタートしたが、各号とも１０００部増刷し、すべて配りきったという。

配布場所は彼らの拠点である［kate coffee］のほか、書店にも置いている。関西では京都・一乗寺の［恵文社一乗寺店］、大阪・中崎町の［iTohen］というギャラリーカフェなどが配布場所。どの店も、置くとすぐになくなってしまうらしい。

フリーペーパーは、発行経費を広告収入でまかなう例が多いが、『kate paper』の場合、経費はほぼもちだしに近い。雑誌は自身の「広告」だと位置づけており、月割りで換算すれば合理的なコストに収まるという。このあたりに、編集センスを備えた独立系デザイナーの強みを感じる。

LINKS ☞

kate paper

3号には、フリーペーパーの老舗『DICTIONARY』の桑原茂一氏と、『Far』にも寄稿していた、出版業界紙『新文化』編集長（当時）の石橋毅史氏への長大なインタビューが載っている。自らの力で必要な「場」をつくりだす人々への共感は、『Coa』『Far』の頃から『kate paper』まで一貫しており、これから自分でもなにかやってみたい、と思う後続の人に勇気と智恵を与えてくれる。なによりもまず彼ら自身が、先達の経験から多くを学びたいのだろう。

軽くて柔らかくて薄いこのフリーペーパーには、「雑誌の未来」を考えるうえでのヒントがたくさんつまっている。

POSTSCRIPT

毎年夏に新しい号がでるのが恒例だったが、２０１１年は結局、『kate paper』は刊行されなかった。そのかわり、３月には空気公団の山崎ゆかり氏による初の詩集『レターは、どこにある。』がでた。kate booksという本のレーベルの第2弾である。マイペースにだしたいものを本や雑誌にする。それを自分たちの店に置き、配布する。そんな彼らの本や雑誌の作り方を見ていると、自分が本当につくりたいものを世にだすという、出版活動の初心を思いださせられる。

『DICTIONARY』

クラブキング

1988年創刊。桑原茂一氏編集による、「未来を明るく照らすポジティブな知恵の辞書」がコンセプトのフリーペーパー。いまはビジュアル中心だが、かつては読み物も多かった。過去の全号がアーカイブされネットで無償公開されている。http://dictionary.clubking.com/

『murmur magazine』

フレームワーク

2008年創刊。ちいさくて薄いが起爆力のあるエコ・カルチャー・マガジン。no.13の表紙ウラに５つのモットーと「マーマーマガジンを信じるな　自分を信じろ」の言葉が。編集長の服部みれい氏には著作も多数。（定価は号によって異なる）

『Bon Appétit』

Bon Appétit編集部

2007年創刊。食べ物から服飾、ガラス細工など、さまざまなものを「つくる人の姿を伝える本」というコンセプトで年に1～3回のんびりと刊行されている小冊子。作家や書店の取材記事も多い。（定価550円）

COLUMN

ミニコミ、ジン、インディーズマガジン（その2）

音楽におけるインディ・レーベルと同じように、出版社や雑誌について、「インディーズ」といういい方がされることがある。基本的にこれは、大手資本からの独立を意味する。欧米では、メディア・コングロマリットが多分野にわたって展開する事業の一部として出版が位置づけられている場合が多い。コングロマリットの傘下で活動する出版レーベルは、「インプリント（imprint）」と呼ばれる。日本の出版社は同族経営や株式非公開が多く、コングロマリットの傘下にあるほうが例外的だ。その意味では、会社の規模にかかわらず、日本の出版社の大半が「インディペンデント」だといえる。

欧米の雑誌はベンチャービジネスの一種でもあり、成功を収めた後、大手メディア企業に買収されることもある。独立系の雑誌だった『WIRED』が、のちにコンデナストに売却されたのは、そうした例の一つである。

「インディーズ」は「自主流通」という意味でつかわれることもある。コミケや文学フリマなどの同人誌即売会の発展やネット通販の拡大で、取次業者に頼らない流通のチャンネルは増えている。ただし、自主流通からはじめた雑誌が、成功後に取次経由での流通に切り替えることも多い。インディペンデントな雑誌や出版社のことを、「リトルマガジン」あるいは「リトルプレス」ということもある。この場合の「リトル」は物理的なサイズのことではなく、ニッチな分野に特化していることを意味する。多くのミニコミやジンは「リトルプレス」である。

ニッチだからといって、発行部数が少ないとは限らない。いまではメジャーな雑誌のなかにも、リトルプレスとしてスタートしたものがいくつもある。そうした会社は、雑誌名と企業名がイコールである場合が多い。そう、『文藝春秋』も『rockin' on』も、はじめは「リトルプレス」だったのだ。

magazine Meets Regional

ローカル・マガジンは「再起動」できるか？
――あとがきにかえて

1989年に25歳ではじめて正社員として就職したのは、西新宿のちいさな雑居ビルの一番上の階にあったエコー企画という会社だった。ここでは『CITY ROAD』という、一時は10万部を超えることもあった首都圏の情報誌を発行していて、私はその音楽担当の編集部員として入社したのだった。それまでは編集プロダクションや社団法人でアルバイトや契約社員として働いていただけだったので、編集といってもみようみまねだった。一つの雑誌を最初から最後まで――つまり企画や取材から校了まで――手がけるのはこのときがはじめてだったから、ようやく自分も一人前の「編集者」になれたんじゃないか、と淡い幻想を抱いたりした。

『CITY ROAD』と同様の、地域を限定したローカル情報誌やタウン誌が、その頃は日本中にたくさん存在した。そのなかで主だったものとしては東京の『ぴあ』（1972年創刊、のちに地方版を展開）、「プガジャ」の愛称で知られた大阪の**『プレイガイドジャーナル』**（1971年創刊）、おなじく大阪で「エルマガ」と呼ばれた『Lmagazine』（1979年創刊）、福岡の『シティ情報ふくおか』（1976年創刊）があった。70年代以後、大都市圏では音楽や映画、演劇やアートのイベントがさかんに行われるようになり、そうした情報をあつめてコンパクトに伝える雑誌が求められていたことがわかる。

1992年の夏、『CITY ROAD』を発行していたエコー企画が、突然倒産した。雑誌は別の会社に引き継がれることになり、編集部員やアルバイトの多くがそこに移籍したが、私は参加せず失業者になった。1年後、その会社も雑誌の発行を停止し、『CITY ROAD』は正

『プレイガイドジャーナル』 1988年に休刊。東京の『ぴあ』『CITY ROAD』などと同時期に創刊された大阪の情報誌。「プガジャ」の愛称で知られ、最後は誌名も『ぷがじゃ』と変更された。プレイガイドジャーナル社長兼創刊編集長だった村元武氏はその後出版社「ビレッジプレス」を興し、『雲遊天下』というミニコミを現在も発行中。2008年に大阪府立文化情報センターの編集により、『「プガジャ」の時代』（ブレーンセンター刊）という本がでており、この雑誌の歴史をくわしく知ることができる。

式に休刊となった。

それと前後して京都に行く機会があり、『Meets Regional』という雑誌をはじめて知った。自分のつくっていた『CITY ROAD』とおなじ中綴じのＡＢ判で、雑誌の雰囲気もよく似ていたので、それ以来、京都に行くたびにこの雑誌を買っては、親近感を一方的に募らせていた。

『Meets Regional』は１９８９年の創刊というから、一連のタウン情報誌よりはずっと歴史が短く、むしろ当時としては、「新世代」の雑誌といってよかったのだろう。『CITY ROAD』に相当するイベント情報誌としてはすでにおなじ京阪神エルマガジン社から『Lmagazine』がでている関係で、『Meets Regional』では飲食店やそのほかのショップなど、「街」の情報をよりディープに紹介していく、という役割分担になっていたようだ。東京にもこんな雑誌があったらいいのに、と思ったものだった。その約20年後に、まさか自分がその雑誌で「再び雑誌を活性化させるにはどうしたらいいか」というテーマで連載をする機会がくるとは予想もしなかった。

最後まで残っていた大都市の情報誌のうち、『Lmagazine』が２００９年に、そして

『Meets Regional』
1989年創刊（京阪神エルマガジン社）
公称発行部数　150,000部
特別定価450円（2011年現在）

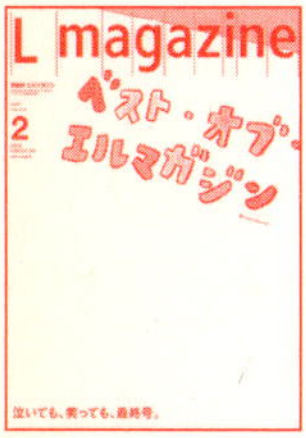

『Lmagazine』
1977～2008年
（京阪神エルマガジン社）

『ぴあ』
1972～2011年
（ぴあ株式会社）

『CITY ROAD』
1971～1993年
（エコー企画、のちに西アド）

L magazine Meets Regional

『ぴあ』の首都圏版も２０１１年に、相次いで休刊することになった。イベントの情報流通やチケット購入の主要なルートがネットに移行してしまった以上、これらの雑誌が休刊するのは自然であり、むしろこれほど長い間、紙の雑誌を読み続けてくれる読者がいたことに驚きを感じる。

『L magazine』も、ちょうどこの本のもとになる連載を『Meets Regional』ではじめたばかりの頃に休刊してしまった。休刊直前の数号しか読む機会はなかったが、イベント情報以外の企画記事に力が入っていて、情報誌というよりは「カルチャー誌」といっていい内容だった。けれどもこの本の最初のほうでみたとおり、すでに「カルチャー誌」全般が苦しい時代になっていた。

いま、雑誌を「再起動」させる足場はどこにあるだろう、と考えたとき、それでも私は、あらためて一つの可能性が地域にあると考えたい。ある地域の雰囲気を、そこに住む人やお店の佇まいや、過去から現在にいたる文化や歴史の蓄積をふまえて伝えてくれる雑誌が、どの地域にも一冊くらいはあっていい。そのときの単位はもう、「首都圏」「京阪神」といった広域圏でも、「東京」や「大阪」といった都市単位でさえもなく、もっと小さな単位でいいのかもしれない。

そんなことを考えて、自分の住む街でささやかなフリーペーパーをつくってみたことがある。『路字』と名付けたそのフリーペーパーは10号に満たずに中断してしまったが、新規まきなおしをいまも考えている。

ローカルな雑誌の読者が、その地域の人だけに限られる必要もない。

LINKS ☞

『d design travel』

（D&DEPARTMENT PROJECT）

2009年創刊。デザイナーのナガオカケンメイ氏が編集する「日本をデザインの視点で旅するトラベルガイドブック」。都道府県別の刊行で第１号は「北海道」。地元密着型マガジンのプロトタイプとしても読める。（定価980円）

『すろーらいふ』

ウェブイン

2006年創刊。渋谷にあるフリペを集めたショップ［ONLY FREE PAPER］でみつけた静岡で発行されるフリーマガジン。県内各地域の紹介ほか、読みごたえある連載記事も。バックナンバーはウェブで閲覧できる。http://ww w.webinn.co.jp/index.html

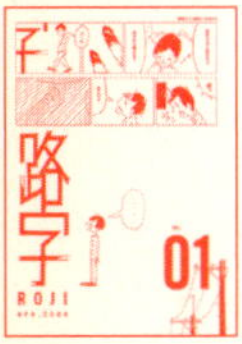

『路字』

路字編集室

2008 ～ 2009年。再開発計画に揺れていた東京の下北沢という町で、筆者が編集人となり、地元に住む建築家やデザイナーと不定期で発行していたフリーペーパー。全バックナンバーをウェブで公開している。http://www.big.or.jp/˜solar/roji_contents.html

インターネットが世界中を結びつける時代に、ローカルな雑誌の扱うテーマがその地域の話題に限定されている必要だって、本当はないのだ。雑誌が手紙の一種だとしたら、その差出人のアドレスにあたるものが、身近な地域であるというだけだ。

具体性をもったローカルな足場から発信され、グローバルに読まれる雑誌が日本から生まれるという夢を、私はいまだに諦めきれずにいる。

CITY ROAD

初出
本書は雑誌『Meets Regional』にて2009年7月号～2011年4月号、Web magagine『エルマガbooks』2010年7月～2011年2月にて連載された「REBOOTING PAPER MEDIA」に加筆・修正を加えたものです。
※掲載データは2011年11月現在のものを参照しました。

連載担当　半井裕子（Meets Regional）
校　閲　（株）アンデパンダン

仲俣暁生（なかまた・あきお）

1964年東京都生まれ。フリー編集者、文筆家。武蔵野美術大学非常勤講師。『CITY ROAD』『WIRED日本版』『季刊・本とコンピュータ』などの編集部を経て、2009年より「本と出版の未来」を考えるウェブサイト『マガジン航』編集人をつとめる（http://www.dotbook.jp/magazine-k/）。著書『ポスト・ムラカミの日本文学』（朝日出版社）、編著『編集進化論』（フィルムアート社）、『ブックビジネス2.0』（実業之日本社）ほか。

再起動《リブート》せよと雑誌はいう

2011年11月25日　初版第1刷発行

発行人　廣實留理

編集人　稲盛有紀子

発行所　株式会社京阪神エルマガジン社
〒550-8575　大阪市西区江戸堀1-10-8
☎06-6446-7718（販売）
〒104-0061　東京都中央区銀座1-7-17
☎03-6273-7720（編集）
www.Lmagazine.jp

著　者　仲俣暁生

装　丁　川名 潤／五十嵐由美（Pri Graphics inc.）

印刷・製本　図書印刷株式会社

ISBN 978-4-87435-369-1 C0095